Martyn Lloyd-Jones

Für Zeit und Ewigkeit

Martyn Lloyd-Jones

Für Zeit und Ewigkeit

Hinführung zur Heilsgewißheit

Brunnen-Verlag · Basel und Gießen

ABCteam-Bücher erscheinen in folgenden Verlagen:

Aussaat Verlag Neukirchen-Vluyn
R. Brockhaus Verlag Wuppertal
Brunnen-Verlag Basel und Gießen
Christliches Verlagshaus Stuttgart
(und Evangelischer Missionsverlag)
Oncken Verlag Wuppertal und Kassel

Die Bibelstellen wurden
der Lutherbibel 1984 entnommen.

Titel der englischen Originalausgabe:
«Saved in Eternity»
erschienen bei Kingsway Publications,
Eastbourne, Sussex, England

Übersetzung: Angelika Torres
Bearbeitung: Gerhard Hamann/Barbara Trebing

Umschlaggestaltung: Kirchhofer Editorials, Basel
Umschlagfotos: Ki-Archiv, Basel
Satz: Alex Torres, Arzier
Druck: Clausen & Bosse, Leck

Printed in Germany

ISBN 3-7655-1092-0

Inhalt

Vorwort

Die im vorliegenden Buch veröffentlichten Predigten bilden den ersten Teil einer ganzen Predigtreihe über Johannes 17, die der bekannte und begnadete englische Arzt und Prediger Dr. Martyn Lloyd-Jones in den Jahren 1952 und 1953 in seinen Sonntagmorgengottesdiensten in der Westminster Chapel in London hielt. Die in diesen Band aufgenommenen Predigten wurden in den Monaten April bis Juli 1952 gehalten.

Christopher Catherwood
Herausgeber der englischen Ausgabe

Kapitel eins

Das Gebet des Herrn

Johannes 17,1

Wir sind es gewohnt, das Gebet, das wir in der Bergpredigt (Matthäus 6 und Lukas 11) aufgezeichnet finden, als das Gebet des Herrn zu bezeichnen. In Wirklichkeit war es als Muster für Jesu Jünger und seine anderen Nachfolger gedacht. Hier dagegen haben wir ein Gebet, das wahrhaftig das Gebet unseres Herrn genannt werden kann, denn wir erleben mit, wie er ganz persönlich zum Vater betet. Die Umstände, die ihn dazu veranlaßten, sind uns allen bekannt. «So redete Jesus», heißt es am Beginn unseres Abschnitts mit Bezug auf die lange und gewaltige Predigt, die in Kapitel 14, 15 und 16 niedergeschrieben ist. Nach all den Worten über den Heiligen Geist, der den Gläubigen gesandt werden soll, über das, was er in ihnen bewirken kann, wie auch über die Folgen seines Kommens, hob der Herr seine Augen auf zum Himmel und begann zu beten.

Ein Prediger aus dem siebzehnten Jahrhundert formulierte es einmal so: «Es ist das bedeutendste Gebet, das je auf Erden gesprochen wurde, und es folgte der bedeutendsten Predigt, die je auf Erden gehalten wurde.» Dem ist in gewissem Sinne nichts mehr hinzuzufügen. Da haben wir zunächst in den erwähnten drei Kapiteln die Predigt; danach und unmittelbar daran anschließend sehen wir den Herrn im Gebet. Es ist eine der inhaltsreichsten und erhabensten Aussagen, die je gemacht wurden, sogar in der Heiligen Schrift selbst. Und man kann nur mit Furcht und Zittern über diese Worte predigen aus Angst, man könnte ihre Größe und ihren Wert in irgendeiner

Weise schmälern. Ja, es hat sogar Menschen gegeben, die meinten, der Einblick in das Herz unseres Herrn sei etwas so Heiliges, daß man dieses Kapitel nur betend lesen sollte. Im siebzehnten Jahrhundert lebte in Deutschland ein bedeutsamer Mann namens Stein (eine der führenden Gestalten des Pietismus, wie er von der Herrnhuter Brüdergemeine und anderen Bewegungen gelebt wurde), der sagte, er wage es nicht, über Johannes 17 zu predigen. Und viele andere schlossen sich seiner Meinung an.

Ich bin jedoch der Ansicht, der Herr hätte dieses Gebet niemals hörbar ausgesprochen, wenn er nicht gewollt hätte, daß wir es hören, daß wir uns damit beschäftigen und vor allem, wenn er nicht gemeint hätte, wir könnten es auch begreifen. Er betete nicht nur zu Gott, er betete laut, und die Jünger hörten ihn. So blieb das Gebet erhalten, und es will mir scheinen, als sei es geradezu ein Zeichen seiner Güte, daß er seine Jünger zuhören ließ und so selbst die Voraussetzung dafür schuf, daß es aufgeschrieben und erhalten bleiben konnte.

Ein Blick in die Kirchengeschichte zeigt uns überdies, daß der Heilige Geist dieses Gebet in ganz außergewöhnlicher Weise gebrauchte, um Menschen durchzutragen und zu stützen, wenn sie sich Schwierigkeiten gegenübersahen, und ganz besonders dann, wenn die Zeit gekommen war, um zu sterben. Das vielleicht bemerkenswerteste Beispiel ist John Knox, der bedeutende Vertreter der Reformation in Schottland und große Gottesmann. Als ihm in seinen letzten Lebenstagen bewußt wurde, daß er bald sterben würde, soll er seine Frau gebeten haben, ihm das 17. Kapitel des Johannesevangeliums vorzulesen. Und noch während sie dieses wunderbare Kapitel las, überschritt er die Schwelle zur Ewigkeit. Das kann uns nicht überraschen, wenn wir den Reichtum erkennen, der hier vor uns liegt.

Davon möchte ich jetzt sprechen, weil ich immer mehr davon überzeugt bin, daß die Hälfte unserer Probleme daher rührt, daß wir gar nicht erkennen, was die Heilige Schrift uns alles zu bieten hat. All unsere Sorgen und Nöte, all unsere Ungewißheit und Unschlüssigkeit und ein großer Teil der Unzufriedenheit in unserem geistlichen Leben ist ganz einfach darauf zurückzuführen, daß wir gar nicht wissen, was uns zur Verfügung steht. Der Apostel Petrus scheut sich in seinem zweiten Brief nicht zu sagen: «Alles, was zum Leben und zur Frömmigkeit dient, hat uns seine göttliche Kraft geschenkt» (2. Petr. 1,3). Und auch in den anderen neutestamentlichen Briefen wird es ständig wiederholt, daß es keinen Zustand, daß es keinen Stand der Seele gibt, der nicht schon vorbereitet wurde. Dazu hat die Bibel eine ganze Menge zu sagen, und darum sollte sich Gottes Volk zu jeder Zeit im Herrn freuen. Wir sollen die Fülle und den Sieg erfahren; wir sollen schon hier auf der Erde ein Stück Herrlichkeit erleben.

Aber nun stellt sich die folgende Frage: Warum frohlocken wir dann nicht und freuen uns an dieser großartigen Erlösung? Warum sind wir oft so kleinlaut und vermitteln den Eindruck, als seien wir besiegt? Warum haben wir so oft Angst vor der Welt und der Zukunft und machen uns Sorgen um Gottes Sache und die Gemeinde? Warum greifen wir in dieser krankhaften Besorgnis so oft verzweifelt zu Dingen, die es kaum wert sind? Die Erklärung liegt meiner Ansicht nach darin, daß wir nicht erkennen, was uns bereitgestellt ist, in unserem Versagen, unsere Lage in Christus zu erkennen und unser Erbe anzutreten. Dafür gibt es natürlich keine Entschuldigung, denn wie ich schon gesagt habe, ist alles für uns vorhanden. Wenn wir nichts weiter hätten als Johannes 17, dann hätten wir dennoch mehr als genug, worauf wir uns stützen könnten, denn hier in seinem Gebet gibt uns der Herr einen Einblick in unsere ganze Lage und in alles, was für uns von Wichtigkeit und Wert ist, solange wir in dieser vergänglichen Welt leben. Wir können deshalb gar nichts Besseres tun, als dieses Gebet zu betrachten und darüber nachzudenken, was es uns zu sagen hat.

Das war die Situation: Der Herr würde seine Jünger bald verlassen. Er wußte, wie betrübt sie waren, denn sie hatten dies schon zum Ausdruck gebracht, und er hatte seine Predigt mit den Worten «Euer Herz erschrecke nicht» begonnen. Doch die Nachricht, daß er sie in Kürze verlassen würde, war für sie äußerst niederschmetternd. Drei Jahre lang waren sie ihm gefolgt, hatten sie seinen Lehren gelauscht und seine Wundertaten gesehen. Sie hatten gelernt, ihm zu vertrauen, und er hatte ihnen gewisse Vollmachten gegeben. Wenn ein Problem oder eine Schwierigkeit auftauchten, dann kamen sie sofort zu ihm und stellten ihre Fragen. Und er war immer bereit zu antworten und verlor nie die Geduld. Und nun, nach diesen drei wundervollen Jahren der Vertrautheit und Gemeinschaft, sagt er ihnen, er werde sie bald verlassen. Sie sind völlig verwirrt und niedergeschlagen, und er sieht ihnen das an. Er liest ihre Gedanken und versteht ihre Gemütsverfassung, und darum beginnt er seine Rede mit den Worten: «Euer Herz erschrecke nicht! Glaubt an Gott und glaubt an mich!» Dann enthüllt er diese wunderbare Lehre, diesen für sie so verblüffenden Plan, daß sein Weggehen für sie von Vorteil sein würde; daß sie sich dadurch in einer besseren Lage befinden würden, denn er gehe, um ihnen eine Stätte zu bereiten. Und nicht nur das, er würde ihnen einen anderen Tröster senden, der in ihnen sein würde. Ja, er selbst würde kommen, um durch den Heiligen Geist in ihnen zu wohnen. Er entfaltet vor ihnen diese außergewöhnliche Lehre vom Innewohnen des Vaters und des Sohnes im Leben eines jeden Gläubigen und erläutert und erklärt sie.

Aber damit nicht genug. Nun betet er für sie, damit sie wissen, daß er weiterhin für sie beten wird, auch wenn er sie auf der Erde zurückläßt, um beim Vater zu sein. In Vers 11 sagt er: «Ich bin nicht mehr in der Welt; sie aber sind in der Welt, und ich komme zu dir. Heiliger Vater, erhalte sie in deinem Namen, den du mir gegeben hast ...» Er erklärt es ihnen nicht nur theoretisch. Er möchte, daß sie hören, wie er sie dem Vater anvertraut. Sie sollen wissen, daß sie sich niemals selbst überlassen sind. Unter allen Umständen und in jeder Situation wird er sich um sie kümmern. Er wird ihr großer Fürsprecher sein. Sogar der Vater selbst ist besorgt um sie. Darum spricht er dieses Gebet laut, und so, daß sie es hören. Sie sollen, solange er noch bei ihnen ist, erfahren, daß er sich auch dann noch um sie sorgt und kümmert, wenn er nicht mehr persönlich mit ihnen verkehren kann.

Das ist der Kern des Gebets. Ich möchte nun zunächst einen allgemeinen Überblick geben. Später wollen wir dann auf einige Einzelheiten eingehen, um den kostbaren und herrlichen Inhalt weiter zu erläutern und zu entfalten. Zuerst aber möchte ich ein paar Fragen stellen. Wie oft haben Sie dieses Johannes-Kapitel schon gelesen? Welche Bedeutung hat es für Sie bis jetzt gehabt? Wie oft haben Sie nach seinen Reichtümern geforscht? Wie oft haben Sie sich in schwierigen Lagen diesem Kapitel zugewandt? Verstehen Sie, was John Knox gefühlt haben muß, als er den Wunsch aussprach, daß es ihm vorgelesen werde? Es scheint mir, als würden viele sich schuldig machen, weil sie dieses großartige Gebet in einer Art falscher Bescheidenheit allzu schnell zur Seite legen. Die größte Gefahr — ja, ich empfinde es als größte Gefahr — besteht darin, die Heilige Schrift zu oberflächlich zu lesen, anstatt in sie hineinzuschauen, auf jeden Satz zu hören, jede Äußerung zu begreifen zu suchen, Fragen zu stellen. Jeder Gedanke hat eine tiefe und inhaltsreiche Bedeutung, wenn wir uns nur die Mühe machen, nach ihr zu suchen.

Das erste, was wir meinem Empfinden nach lernen müssen, ist, wie man betet. Es handelt sich hier schließlich um ein Mustergebet, zwar nicht in dem Sinn wie das Vaterunser, sondern hier wird uns ganz praktisch gezeigt, wie der Herr selbst betete. Und wenn wir uns an sein Vorbild halten, dann können auch wir immer ganz sicher sein, daß wir richtig beten. Sein ganzes Leben war gewissermaßen ein Leben des Gebets. Obwohl er der Sohn Gottes war, verbrachte er sehr viel Zeit im Gebet.

Nun, hier haben wir alle noch viel zu lernen. Wir denken oft, beten sei einfach, aber das ist es nicht. Die großen Gottesmänner aller Jahrhunderte waren sich vielmehr einig, daß es eines der schwierigsten Dinge ist. Wenn ein Christ niedergeschlagen ist, weil er oder sie es schwierig findet zu beten, dann sollte er nicht den Mut verlieren, denn er befindet sich in guter Gesellschaft. Ich würde mir viel mehr Sorgen um den Menschen machen, der keine Schwierigkeiten mit dem Beten hat. Mit ihm kann etwas nicht stimmen. Beten ist das höchste Werk des Frommen. Es bedeutet nicht einfach, daß man «ein Gebet spricht»; und hört sich nicht schon dieser Ausdruck furchtbar an? Richtiges Beten ist etwas ganz anderes. Ein Gebet zu sprechen oder zu lesen, das ist verhältnismäßig leicht. Wichtig ist es, *richtig* zu beten, so, wie es unser Herr tat.

Wir werden noch sehen, daß die verschiedenen Bitten dieses Gebets einer regelrechten Logik folgen. Der Herr bringt nicht einfach zufällig vor, was ihm gerade in den Sinn kommt, sondern wir finden einen ganz bestimmten Aufbau, eine sehr präzise Ordnung, woraus wir erkennen, daß auch wir beim Beten eine gewisse Disziplin üben sollten. Der erste Schritt besteht immer darin, daß wir uns sammeln, daß wir innehalten, um zur Ruhe zu kommen und darüber nachzudenken, was wir tun. Dabei wird uns klar, mit wem wir reden wollen. Was das für Folgen hat, werden wir bei der weiteren Betrachtung dieses großartigen Gebets noch sehen.

Johannes 17 zeigt uns aber nicht nur, wie wir beten sollen, sondern wir beginnen gleichzeitig zu erkennen, wer die Person ist, die hier betet. Es gibt vielleicht in der ganzen Bibel kein anderes Kapitel, das uns einen größeren Einblick in die Person unseres Herrn gibt, als gerade dieses Gebet. Er sagt zu seinem Vater: «Vater, die Stunde ist da; verherrliche deinen Sohn, damit der Sohn dich verherrliche.» Er spricht von der Herrlichkeit, die er beim Vater vor Grundlegung der Welt hatte. Wir werden sofort daran erinnert, daß wir uns nicht in der Gegenwart eines Menschen, sondern in der Gegenwart des Sohnes Gottes, des Gottmenschen, befinden, der die Herrlichkeit des Vaters vor Grundlegung der Welt von Ewigkeit her teilte.

Es ist immer wieder wunderbar zu erkennen, auf wie vielfältige Weise die Heilige Schrift ihre Wahrheit darstellt. Auf der einen Seite wird die Wahrheit über Leben und Werk unseres Herrn Jesus Christus ganz objektiv und lehrmäßig verkündet, auf der anderen Seite entfaltet sie sich ganz praktisch in einem Gleichnis oder in den Dingen, die er über sich selbst gesagt hat. Oh, könnten wir dies nur festhalten und immer wieder erkennen, daß der Sohn Gottes in diese vergängliche Welt kam. Hier begegnet uns das ganze Geheimnis der Menschwerdung, der Herrlichkeit, der jungfräulichen Geburt und der Erniedrigung des Sohnes Gottes. Verblüffend ist, daß die Person, die hier zu dem Vater betet, dem Vater gleich war. Er hatte menschliche Gestalt angenommen. Er war in das Fleisch gekommen, und hier betet er selbst. An anderer Stelle lesen wir sogar, wie er mit starkem Weinen zu seinem Vater ruft. Es ist etwas Wunderbares und Erstaunliches, daß Gott in das Fleisch gekommen ist, um uns zu erretten und zu erlösen. Er öffnet hier sein Herz, um uns zu zeigen, daß ihm an uns liegt und wie sehr er uns liebt.

Ja, in gewissem Sinn finden wir hier in seinem Gebet die Erklärung dafür, warum er in die Welt gekommen ist. Ihm wurdc cinc bcstimmte Aufgabe auferlegt, und er ist gekommen, sie zu erfüllen, und — was noch herrlicher ist — er hat sie erfüllt. Jetzt beginnen wir den Heilsplan zu erkennen. Wir modernen Christen haben weitgehend aufgehört, darüber nachzudenken, und das ist ein großer Verlust. Unsere Väter waren es in den Tagen der großen Erweckungen noch gewöhnt, von diesem Heilsplan zu sprechen. Heute hören wir so wenig darüber. Wir sind so subjektiv; wir sind so sehr daran interessiert, welchen speziellen Nutzen eine Sache für uns hat, daß wir viel zu selten zurücktreten, um das ganze Bild zu betrachten. Hier aber finden wir den gesamten Plan vor uns, wenn er von der Herrlichkeit in Ewigkeit vor Erschaffung der Welt spricht. Schritt für Schritt leitet er uns vorwärts und dann wieder zurück zu dieser Herrlichkeit. Wir können diesem Gebet nicht zuhören, ohne mit der Herrlichkeit zu beginnen, ohne in der Herrlichkeit zu enden und ohne, in der Zwischenzeit, die tiefen Gründe seiner Erniedrigung, der Schande des Kreuzes und seiner Auferstehung erreicht zu haben. Es ist alles da: der große Plan mit uns, dieses großartige Ziel Gottes hinsichtlich bestimmter Menschen, die er seinem Sohn als besonderen Gegenstand der Erlösung gegeben hat, und alles, was für sie getan werden muß, um sie zu dieser höchsten Vollendung zu bringen.

Ich kenne nichts Ermutigenderes und Frohmachenderes. Es gibt nichts Besseres in dieser Welt als die Gewißheit, Teil des großen Planes und Zieles Gottes zu sein. Nichts ist hier dem Zufall überlassen, und es ist egal, was in der Zukunft geschehen mag, nichts kann seinen Plan durchkreuzen. Mein Freund, wenn du ein Christ bist, weißt du, daß Gott schon vor Grundlegung der Welt an dich dachte? All dies ist bereits in der Ewigkeit beschlossen, d. h. vor Beginn der Zeit. Darum sollten wir immer daran denken, daß auf dieser Erde nichts geschehen kann, was Gottes Ratschluß ändern könnte. Das hören wir immer wieder in der Heiligen Schrift: «Denn ich bin gewiß, daß weder Tod noch Leben, weder Engel noch Mächte noch Gewalten, weder Gegenwärtiges noch Zukünftiges, weder Hohes noch Tiefes noch eine andere Kreatur uns scheiden kann von der Liebe Gottes, die in Christus Jesus ist, unserem Herrn» (Röm. 8,38.39). Und wenn du deswegen jemals gezweifelt hast, dann lies dieses Gebet und erkenne die Gewißheit, die hier beschrieben wird.

Betrachten wir jetzt, was er für uns getan hat. «Ich habe ... das Werk vollendet, das du mir gegeben hast», sagt er. Er hat für uns getan, was kein anderer für uns hätte tun können und was wir auch niemals selbst für uns tun könnten. Davon hat er im vorherigen Kapitel seinen Jüngern berichtet, und hier faßt er alles zusammen. Er hat für uns das Gesetz mit all seinen Forderungen erfüllt. Es erstaunt mich, wie Menschen über Christus, sein Leben und seinen Tod predigen, wie sie ihn betrachten können, ohne je das Gesetz zu erwähnen. Aber wo das Gesetz Gottes nicht erfüllt ist, da kann es auch keine Erlösung geben. Das Gesetz ist unser Gegner; es steht da und verlangt vollkommenen und absoluten Gehorsam. Es droht uns mit dem Tod, wenn wir auch nur in einem Punkt versagen. Wenn Christus das Gesetz nicht erfüllt hätte, wären wir noch immer in unseren Sünden; wir wären erledigt, verdammt und verloren. Aber er hat das Werk vollendet, wir sind entlastet, das Gesetz wurde erfüllt. Es gibt keine Verdammnis für die, die in Christus Jesus sind. Wußten Sie das? Freuen Sie sich darüber?

Wie wunderbar! Bevor er das Kreuz wirklich auf sich nimmt, spricht er davon. Er weiß, was ihm bevorsteht. Darüber besteht keine Ungewißheit. Er sagt: «Ich habe ... das Werk vollendet, das du mir gegeben hast.» Es ist schon getan, es ist vollendet. Deshalb predigen wir eine vollendete Erlösung. Es gibt für mich nichts weiter zu tun, als sie zu empfangen; wir müssen nichts hinzufügen; wir müssen keine guten Werke oder irgendeinen Verdienst erbringen; es ist alles in Christus, und in Christus allein.

Als nächstes müssen wir nun erkennen, was wir selbst in dieser Welt und in diesem Leben tun können. Ich erinnere noch einmal daran, daß wir uns freuen dürfen. All die Früchte des Geistes sollten in unserem Leben offenbar werden — Liebe, Freude, Friede, Geduld, Freundlichkeit, Güte, Treue, Sanftmut, Keuschheit, all diese Dinge sollten gegenwärtige Besitztümer sein. Nach dieser Lehre hofft ein Christ nicht ständig, daß er gerettet ist. Er lebt nicht einmal besser und dann wieder schlechter. Nein, er freut sich in Christus Jesus. Hören wir, was Paulus zu sagen hat: «Freuet euch in dem Herrn allewege, und abermals sage ich: Freuet euch» (Phil. 4,4). Aber freuen wir uns denn? Erkennen wir, daß wir Grund zur Freude haben? Wenn wir nur begreifen würden, was dieses Gebet dazu zu sagen hat. Wenn wir diese Lehre verstehen, werden wir in der Lage sein, Welt und Hölle ins Gesicht zu lachen. Er möchte, daß wir uns freuen, daß wir diese Fülle erkennen, die Gott uns in ihm bereitgestellt hat. Und ich sage: Schande über uns, christliche Brüder und Schwestern, es sei denn, wir nehmen daran Anteil und freuen uns.

Der Herr gewährt uns in seinem Gebet Einblick in diese wunderbare Möglichkeit. Er weist uns, wie ich schon angedeutet habe, auf die Quelle der Gewißheit und Kraft in dieser Welt hin. Kann man sich etwas Tröstlicheres vorstellen als das, was der Herr Jesus Christus für uns betet: «Ich bitte aber nicht allein für sie, sondern auch für die, die durch ihr Wort an mich glauben werden»? Ist uns klar, daß der Herr Jesus Christus für uns, für dich und mich betete, als er diese Worte sprach? Christen haben es gern, wenn andere für sie beten, nicht wahr? Viele sind Christ geworden, weil jemand für sie gebetet hat — ein frommer Vater oder eine fromme Mutter, die vielleicht viele Jahre der Enttäuschung erlebt, aber trotzdem nicht aufgegeben haben. Und Gott erhörte ihr Gebet, so daß die Person Christ wurde. Gibt es einen größeren Trost, als zu wissen, daß ein Mensch für uns betet? Für mich gibt es nichts Ermutigenderes in meiner Arbeit und in meinem Predigtamt. Da kommt ein anderer zu Gott, der die Quelle aller Macht ist, und bittet ihn, mich mit Kraft zu erfüllen.

Wenn wir schon an das Gebet einer frommen Person glauben, wieviel mehr sollten wir dann an das Gebet des Sohnes Gottes für dich und mich glauben. Er hat uns wissen lassen, daß er für uns gebetet hat und weiterhin für uns bitten wird. Er hat uns in Gottes Hand gegeben. Er sagte: «Heiliger Vater, erhalte sie in deinem Namen, den du mir gegeben hast, daß sie eins seien wie wir. Solange ich bei ihnen war, erhielt ich sie in deinem Namen, den du mir gegeben hast, und ich habe sie bewahrt, und keiner von ihnen ist verloren außer dem Sohn des Verderbens, damit die Schrift erfüllt werde. Nun aber komme ich zu dir und rede dies in der Welt, damit meine Freude in ihnen vollkommen sei. Ich habe ihnen dein Wort gegeben, und die Welt hat sie gehaßt; denn sie sind nicht von der Welt, wie auch ich nicht von der Welt bin. Ich bitte dich nicht, daß du sie aus der Welt nimmst, sondern daß du sie bewahrst vor dem Bösen. Sie sind nicht von der Welt, wie auch ich nicht von der Welt bin. Heilige sie in der Wahrheit; dein Wort ist die Wahrheit» (V.11-17). Er sagt in anderen Worten: «Vater, ich gebe sie dir zurück, bewahre du sie jetzt.» Wenn wir nur diese wunderbare Wahrheit erfassen könnten, daß der Herr Jesus Christus selbst uns in die sichere Obhut Gottes gegeben hat und wir deshalb wirklich sicher und geborgen sind! Unser Herr wurde niemals müde, dies zu erklären. In der Bergpredigt sagte er, in anderen Worten ausgedrückt, z.B. folgendes: «Ihr dummen Leute, wenn ihr nur erkennen würdet, daß Gott euer Vater ist, wenn ihr nur seine Fürsorge um euch sehen könntet, wenn ihr euch nur die Lehre von den Vögeln und Blumen zu Herzen nehmen würdet! Schaut euch seine Fürsorge für sie an — wieviel größer ist dann seine Fürsorge um dich und mich, oh, ihr Kleingläubigen.» Und hier vertraut er uns der Fürsorge des Vaters an und sagt: «Vater, bewahre sie.» Ist es nicht ein wunderbar tröstlicher Gedanke, daß Gott der Vater auf uns schaut, für uns sorgt und uns in jedem Augenblick erhält?

Und schließlich erfahren wir in diesem Gebet etwas über unser Verhältnis zu dieser Welt und unseren Aufgaben. Wir sind nicht nur um unseretwillen erlöst. Wir sind erlöst, damit wir die gute Nachricht an andere weitergeben können. «Wie du mich gesandt hast in die Welt, so sende ich sie auch in die Welt» (V.18). Er ließ die Jünger mit einer Botschaft in dieser Welt zurück. Er sandte sie hin, wie Gott ihn zuvor gesandt hatte.

Wenn wir das Gebet weiter betrachten, erkennen wir, daß es in bestimmte Abschnitte eingeteilt ist. In den Versen 1-5 betet der Herr hauptsächlich für sich und von sich, in den Versen 6-19 betet er für die Jünger, insbesondere für die, die um ihn sind, und in den Versen 20-26 betet er für die weltweite Gemeinde zu allen Zeiten und an allen Orten. Was für eine wunderbare, logische Aufteilung! Er beginnt mit Verherrlichung und Anbetung und bittet für sich selbst. Dann betet er für die Jünger und danach für diejenigen, die durch die Verkündigung der Jünger glauben werden. Mit anderen Worten, es ist ein Gebet, das die ganze Christenheit umfaßt. Gerade deshalb sollten wir bei der Beschäftigung mit diesem Gebet sehr sorgfältig sein und besonders darauf achten, auf welche Weise sich unser Herr seinem Vater nähert.

Es gibt bestimmte Dinge, deren wir uns immer gewiß sein sollten, Dinge, deren Christus sich gewiß war. Erstens sagt er «Vater». Daran hat er keinen Zweifel. Er spricht Gott sechsmal mit Vater an — er kennt das Verhältnis, er war mit dem Vater eins von Ewigkeit her. Gott ist sein Vater in dem Sinne, daß er der Vater in der gesegneten Dreieinigkeit des Vaters, Sohnes und Heiligen Geistes ist. Gott ist auch sein Vater in dem Sinne, daß Jesus jetzt Mensch geworden ist und somit zu Gott als seinem Vater aufschaut. Gott ist jetzt ebenfalls sein Vater, weil er, der Sohn, der Stellvertreter der vielen Brüder und Schwestern ist, für die er kam, um sie zu erlösen und für sie zu sterben. So wie er der Erstgeborene von vielen, vielen Brüdern und Schwestern ist, so ist in diesem Sinne Gott sein Vater.

Aber beachten wir, daß er Gott nicht nur als «Vater» anspricht. In Vers 11 nennt er ihn «heiliger Vater». Wie wichtig ist es, daran zu denken, daß Gott heilig ist. Er ist unser Vater im Himmel, darum muß sein Name geheiligt werden. Wir sollten uns ihm immer mit Ehrfurcht und göttlicher Furcht nähern, denn unser Gott ist ein verzehrendes Feuer. Obwohl unser Herr mit dem Vater eins war, obwohl niemals irgend etwas zwischen ihnen stand, obwohl er niemals um Vergebung für seine eigenen Sünden bitten mußte, weil er nie gesündigt hatte, sprach er Gott dennoch mit «heiliger Vater» an. Wie oft vergessen wir, daß sogar unser Herr ihn so anredete?

Schließlich nennt er ihn auch noch «gerechter Vater». «Gerechter Vater», so sagt er in Vers 25, «die Welt kennt dich nicht; ich aber kenne dich, und diese haben erkannt, daß du mich gesandt hast.» Welch ein wunderbarer Gedanke. Er nimmt Bezug auf den Charakter Gottes, auf die Treue Gottes. Er sagt mit anderen Worten: «Ich weiß, daß du das, was du versprochen hast, ausführen wirst. Du hast mir hinsichtlich dieser Menschen, für die ich dieses Werk vollendet habe, bestimmte Verheißungen gegeben, und ich weiß, daß du all deine Versprechen halten wirst. Du bist ein gerechter Vater.»

Gott gebe, daß wir aus diesen Betrachtungen wenigstens mitnehmen, daß wir, wenn wir im Namen Jesu Christi beten, *zu unserem Vater* beten. Ja, er ist der große, allmächtige und ewige Gott; aber in Christus ist er unser Vater geworden. Er ist ein heiliger Vater. In seiner Gegenwart darf nichts Unheiliges erwähnt werden. Wir dürfen vor unserem heiligen Vater keine unwürdigen Wünsche oder selbstsüchtigen Gedanken darbringen. Aber Gott sei Dank, er ist auch ein treuer und gerechter Vater. Wenn wir sie aufrichtig bekennen, so vergibt er all unsere Sünden und reinigt uns von aller Ungerechtigkeit. Wenn du im Bewußtsein deiner Sünden, vielleicht zweifelnd und zögernd, zu ihm gehst, dann denke daran, daß er gerecht ist. Er hat in Christus Vergebung versprochen. Denke an seine Gerechtigkeit, und denke daran, daß er jede Verheißung, die er je gegeben hat, mit absoluter Sicherheit erfüllen wird.

Oh, wie dankbar sollten wir Gott sein, daß unser Herr dieses Gebet hörbar darbrachte und es niedergeschrieben wurde. Laßt uns in das Gebet hineinschauen! Laßt uns darüber nachdenken! Ich kenne nichts Bereicherndes. Laßt uns dabei verweilen! Laßt uns aus diesen Reichtümern empfangen, damit wir erkennen, daß es, während wir in dieser Welt leben, bestimmte Grundsätze gibt, die uns umgeben, und daß wir uns in den Händen des Einen befinden, der gesagt hat: «Ich will dich nicht verlassen noch versäumen» (Hebr. 13,5).

Kapitel zwei

Warum beten?

Johannes 17,1

Heute wollen wir uns mit dem Gebet als solchem befassen. Ich habe manchmal den Eindruck, daß es unter Christen kaum ein Thema gibt, das sie so verlegen macht. Ich denke, wir alle können sehr gut verstehen, warum die Jünger sich eines Tages an den Herrn wandten und baten: «Herr, lehre uns beten», denn aus irgendeinem Grund ist das Beten für uns ein Problem. Die Frage nach dem Gebet ist sicher die häufigste, die einem Seelsorger gestellt wird. Jeder, der das Christenleben irgendwie ernst nimmt, macht sich wahrscheinlich Sorgen über sein Gebetsleben, und oft umgeben sehr große Schwierigkeiten und Verlegenheiten diese Frage.

Natürlich kann man nicht erwarten, daß ich innerhalb einer Predigt auf alle Punkte eingehe. Um Einzelheiten zu behandeln, wäre eine ganze Reihe von Predigten nötig. Ich möchte hier darum einfach bestimmte allgemeine Gedanken zusammentragen, die mir beim oberflächlichen Betrachten des Gebets, das in diesem besonderen Kapitel aufgezeichnet ist, aufgefallen sind. Ich glaube, daß vor allem zwei Schwierigkeiten auftreten, wenn Menschen über die Frage des Gebets nachdenken. Diese Unsicherheit rührt im allgemeinen von zwei extremen Positionen her, die in der Vergangenheit von manchen Christen eingenommen wurden und von einigen auch heute noch wahrgenommen werden.

Da findet sich zum einen die übertriebene Haltung derjenigen, die offenbar keine Schwierigkeiten mit dem Gebet haben und den Eindruck vermitteln, es gäbe nichts Leichteres. Sie sagen gern: «Gebet verändert die Dinge.» Egal, wie das Problem aussieht, die Antwort kommt, und alles wird gut. Sie sind sicher, daß Beten die natürlichste Sache der Welt ist und keine Anstrengungen und Schwierigkeiten erfordert.

Diese Einstellung läßt meiner Meinung nach bei vielen anderen Christen Probleme und Fragen aufkommen, dic Schwicrigkeiten haben, eine solche Haltung mit einigen klaren Aussagen der Heiligen Schrift in Einklang zu bringen. Denn jene, die das Gebet als eine leichte Sache betrachten, scheinen zu vergessen, daß seine Verheißungen und großen Angebote an bestimmte Bedingungen geknüpft sind. Die anderen aber, die von ihrer Lehre gehört und aufrichtig versucht haben, sie in die Tat umzusetzen, und dann herausfinden, daß es bei ihnen nicht so funktioniert, sind enttäuscht und beginnen, an Gottes Güte zu zweifeln. Sie stellen all die Lehren der Heiligen Schrift hinsichtlich der Vaterschaft Gottes und des Gebets an sich in Frage.

Auf der anderen Seite gibt es jene, die den Wert und die Wichtigkeit des Betens an sich bestreiten. Auch diese Einstellung führt zu allerlei Schwierigkeiten und Verunsicherung. Diese Menschen argumentieren, daß Gott alles weiß und daß alles, was geschieht, eine Folge des Willens Gottes ist; *deshalb* sei es gar nicht nötig zu beten. Sie leugnen den Sinn des Gebets. Diese Ansicht wird manchmal als Determinismus bezeichnet und betrachtet das Leben und alles, was in dieser Welt geschieht, als Teil eines unbeweglichen und geschlossenen Systems. Wenn dies wahr wäre, gäbe es wahrhaftig keinen Grund zum Beten. Überdies gibt es viele Menschen, die die Lehre von der Souveränität Gottes so übertrieben oder solch falsche Schlußfolgerungen daraus gezogen haben, daß sie diejenigen, die auf ihre Argumente und Lehren hören, fast ganz davon abbringen, mit Vertrauen und Gewißheit zu beten.

Es stellt sich nun die folgende Frage: Wie gelange ich in Anbetracht dieser beiden Extreme zu der richtigen Einstellung? Nun, ich möchte zunächst einen Grundsatz aufzeigen, der nicht nur im Blick auf das Gebet anwendbar ist, sondern auch in vielen anderen Problemen. Wir müssen vermeiden, Sklaven unserer eigenen Theorien, Meinungen und unseres eigenen Wahrheitsbegriffs zu werden. Dazu müssen wir uns an die Heilige Schrift selbst wenden und die klaren und deutlichen Lehren der Bibel so objektiv und offen betrachten, wie es uns nur möglich ist. Es gibt bestimmte Dinge, die in der Heiligen Schrift ganz deutlich gelehrt werden und einfach zu verstehen sind; dann aber stoßen wir vielleicht auf eine Stelle, die wir nicht ganz in unser lehrmäßiges Muster einordnen können, und wir stehen in der Gefahr, an unserer eigenen Erkenntnis festzuhalten und das, was die Bibel sagt, wegzuerklären. Wenn wir auf solch einen Problempunkt stoßen, der mit unserem bisherigen Verständnis nicht im Einklang zu stehen scheint, dann erscheint es mir jedoch klug, unsere Lehre erst einmal da zu lassen, wo sie ist. Das heißt nicht, daß wir sie verleugnen. Wir verlassen sie nur für einen Moment. Wir gehen zur Heiligen Schrift zurück und untersuchen, was sie an anderer Stelle zu dieser bestimmten Sache zu sagen hat. Erst dann sollten wir versuchen, unsere Erkenntnis mit der Lehre der Heiligen Schrift in Zusammenhang zu bringen.

Im Blick auf das Gebet steht uns in der Bibel zum Glück ein großer Reichtum an Material zur Verfügung. Ich werde nur einige Punkte behandeln, deren wir uns absolut sicher sein können. Ich behaupte nicht, auf alle Probleme eine Antwort zu haben. Wie bei vielen anderen Fragen, die unser Verhältnis zu Gott berühren, gibt es auch hier bestimmte Schwierigkeiten, die wir in diesem Leben und in dieser Welt vielleicht nie ganz verstehen werden. Aber es ist unsere Pflicht und Schuldigkeit, so weit zu gehen, wie wir können, und die Lehren, soweit es möglich ist, zu verstehen.

In der Heiligen Schrift wird, wie wir bemerken, dem Gebet ein vorherrschender Platz eingeräumt. Nach der Heiligen Schrift ist das Gebet ein wichtiges Element im Leben des Christen. Sie lehrt uns zu beten. Sie ermahnt uns zu beten. Der Herr selbst sagte, wir sollten unaufhörlich beten und darin nicht müde werden. Er lehrte seine Jünger, wie man beten soll, und nötigte sie, nicht aufzugeben. «Haltet an am Gebet», lesen wir immer wieder in den Briefen. Ständig werden wir zum Beten ermutigt. Was immer wir über die Allmacht Gottes und das Verhältnis des Menschen zu Gott denken, mit dieser klaren Lehre der Heiligen Schrift müssen wir uns auseinandersetzen. Das Gebet muß im Leben eines jeden frommen Menschen dieser Welt den wichtigsten Platz einnehmen.

Außerdem wird uns nicht nur durch ein Gebot das Beten gelehrt. Auch durch Beispiele werden wir darin unterrichtet. Beim Lesen des Alten Testaments erkennen wir, daß schon die Patriarchen mit Gott sprachen, zu ihm redeten — das ist Gebet. Studieren wir die Psalmen; die meisten von ihnen sind Gebete. Zum Beispiel Psalm 74; dieses Gebet ist typisch für einen Psalmisten und charakteristisch dafür, wie diese Männer zu Gott beteten. Dann haben wir die Gebete in den prophetischen Büchern, ja, überall im Alten Testament. Im Neuen Testament finden wir auch die Apostel betend vor. Aber über dem allem erleben wir in diesem großartigen Kapitel von Johannes 17, wie inbrünstig selbst unser Herr betete.

Ich möchte eine zweite Folgerung ziehen, die in der Heiligen Schrift ebenfalls deutlich zu erkennen ist. Je gottesfürchtiger ein Mensch ist, desto mehr Zeit verbringt er im Gebet. Wir können ein beliebiges Beispiel aus der Heiligen Schrift nehmen, immer werden wir diese Aussage bestätigt finden. Vielleicht denken wir, ein äußerst frommer Mensch müsse weniger beten als ein weniger frommer, da sein Wille mit dem Willen Gottes im Einklang steht. Aber das ist nicht der Fall.

Sehen wir uns nur all die gläubigen Männer und Frauen in der Bibel an, wie sie so viel mehr Zeit im Gebet verbrachten als alle anderen. Sie warteten nicht untätig darauf, daß Gottes Wille geschah. Nein, mehr als alle anderen gingen sie lieber im Gebet zu Gott, um mit ihm zu reden. Und wenn man die Kirchengeschichte betrachtet, findet man genau dasselbe. Ob jemand nun zur römisch-katholischen oder zur protestantischen Kirche gehört, das Kennzeichen eines frommen Menschen ist und war schon immer ein reiches Gebetsleben. John Wesley betonte immer wieder, daß er eine sehr schwache Meinung von einem Christen habe, der nicht mindestens vier Stunden täglich im Gebet verbringe, und ähnlich dachte Gottes Volk zu allen Zeiten.

Aber das wichtigste aller Argumente ist die Tatsache, daß das Gebet im Leben unseres Herrn selbst eine beherrschende Rolle spielte. Dies bringt uns wieder zu Johannes 17. Haben wir uns je die Zeit genommen, darüber nachzudenken? Natürlich wissen wir alle, daß er gebetet hat. Schließlich lesen wir seit unserer Kindheit die Evangelien. Aber ich spreche jetzt nicht von einem verstandesmäßigen Wissen. Meine Frage ist, ob wir dies jemals verstanden und darüber nachgedacht haben. Denn je öfter wir darüber nachdenken, desto mehr werden wir über der Tatsache ins Staunen kommen, daß unser Herr überhaupt gebetet hat, und nicht nur das, sondern daß er ständig betete. Ja, oft sieht man ihn sehr lange Zeit beten. Er — der Sohn Gottes — verbrachte einmal eine ganze Nacht im Gebet, und häufig wird uns berichtet, daß er lange vor der Morgendämmerung aufstand, um irgendwo auf einem Berg zu beten.

Auch seine Jünger bemerkten, daß das Gebet ihm viel bedeutete und er viel Freude daran fand, und deshalb baten sie ihn: «Herr, lehre uns beten.» Sie spürten, daß er etwas tat, das sie nicht ganz verstanden. Sie konnten nicht sagen, was sie empfanden. Aber sie wußten, niemand war so wie er. Sie sahen etwas in seinem Angesicht und in seinem Verhalten. Sie sahen seine Wunder und sagten: Da ist etwas dran an diesem Gebetsleben! Ach, wenn auch wir es besitzen könnten!

Vor allen Dingen aber bemerkten sie, daß er oft betete und in einer außergewöhnlichen Art, in Zeiten der Gefahr und in Zeiten wichtiger Entscheidungen. Vor der Erwählung seiner zwölf Jünger verbrachte er die ganze Nacht im Gebet, denn es ging hier um eine sehr wichtige und grundlegende Entscheidung, die er zu treffen hatte, bevor er diese Männer aussonderte. Auch bei anderer Gelegenheit betete er. Davon lesen wir in Johannes 6. Er hatte gerade fünftausend Menschen Speise gegeben. Einige waren davon so tief beeindruckt gewesen, daß sie ihn als Messias ausriefen und mit nach Jerusalem nehmen wollten, um ihn dort zum König zu krönen. Aber als der Herr sah, wozu sie ihn zwingen wollten, ging er fort. Es war eine der größten Anfechtungen in seinem Leben. Wie schon in der Wüste war auch hier die Versuchung groß, sein Reich auf menschliche, politische Art einzurichten. Er begab sich allein auf einen Berg, um dort mit Gott zu reden.

Das tat er auch am Grab des Lazarus. Er war im Begriff, den Toten aufzuerwecken, und darum betete er zu Gott. Er dankte Gott für die Gewißheit, daß er ihn erhörte und schon immer erhört hatte. Dann denken wir daran, wie er gebetet hat, kurz bevor er dem Kreuz entgegenging. Dieses Gebet finden wir in Johannes 12,27-28 niedergeschrieben. Wie betete er im Garten Gethsemane! Er betete zu dem Vater in solch einer Seelenangst, daß blutiger Schweiß ausbrach. Und in Johannes 17 haben wir dieses große hohepriesterliche Gebet in seinen letzten Stunden mit seinen Jüngern. Bevor er das Werk am Kreuz vollendet, betet er hier in ihrer Gegenwart, so daß sie es hören können.

Was lehrt uns dies alles? Wir könnten sicherlich viel Zeit damit verbringen, bestimmte Dinge über unseren Herrn selbst abzuleiten. Das wollen wir jetzt nicht tun, aber zumindest sollten wir erkennen, daß dieses Gebet viel über ihn aussagt. Wenn wir jemals Probleme mit der Menschwerdung Christi haben, sollte dieses Gebet unseres Herrn uns sofort beruhigen. Er ist wahrhaftig Mensch. Gott befindet sich hier nicht in einer Art Phantomkörper. Wir haben es auch nicht mit einer Gotteserscheinung zu tun. Hier geht es um die Inkarnation: «Und das Wort ward Fleisch und wohnte unter uns» (Joh. 1,14). Er ist wahrhaftig Gott, ja, aber er ist auch wahrhaftig Mensch. Jetzt beginnen wir zu verstehen, was Paulus in Philipper 2 meint, wenn er sagt: «Er entäußerte sich selbst.» Solange er hier auf der Erde lebte, machte der Herr keinen Gebrauch von seinen Kräften als Gott. Das Gebet war für ihn wichtig, weil er Mensch war. Und da er gänzlich von seinem Vater abhängig war, konnte er ohne das Gebet nicht leben. Das hat er auch oft selbst gesagt: «Glaubst du nicht, daß ich im Vater bin und der Vater in mir? Die Worte, die ich zu euch rede, die rede ich nicht von mir selbst aus. Und der Vater, der in mir wohnt, der tut seine Werke» (Joh. 14,10).

Das ist das Erstaunliche am Leben unseres Herrn. Der wahrhaftige Sohn Gottes gleichzeitig ein vollkommener Mensch! Aber er tut nichts aus sich selbst. Er empfängt sozusagen alle seine Befehle von Gott. Der Vater gibt ihm die Worte ein, die er reden soll. Er sagt ihm, was er tun soll, und gibt ihm die Macht, es zu tun — deshalb betete Jesus, bevor er seine Jünger berief. Er ließ sich ständig von seinem Vater erleuchten und leiten. Als Gott bestand für ihn keine Notwendigkeit zu beten. Als Gott war er Gott dem Vater ebenbürtig. Er war allmächtig, aber hier auf Erden sehen wir ihn in seinem wahren Charakter als Mittler, als Gottmensch. Während wir ihn im Gebet beobachten, erkennen wir ihn als den erwählten Vermittler, als den Einen, der von Gott gesandt wurde, um ein bestimmtes

Werk zu verrichten und es hier in dieser Welt für uns zu vollenden. Deshalb ist die Betrachtung des Gebetes unseres Herrn eine der wunderbaren Eingangstüren zu dem großen Geheimnis seiner gesegneten Person. Viele denken, daß er nur Gott war, mit einer Art fleischlicher Hülle umgeben. Das ist falsch. Denn wenn er nur Gott gewesen wäre, hätte er nicht zu beten brauchen. Nein, er war auch Mensch.

Denken wir z. B. an die Patriarchen, an den König David und an die Propheten — sie alle haben gebetet. Studieren wir das Gebetsleben der Apostel und vor allen Dingen das des Sohnes Gottes. Was ist nun Gebet? Wie erklärt sich ein reiches Gebetsleben? Das Gebet, so müssen wir sagen, ist für den Christen, für das Kind Gottes, etwas Natürliches und fast Instinktives. Das Gebet bringt das Verhältnis zwischen dem Kind und dem Vater zum Ausdruck. Zeigt mir jemanden, der nicht viel betet, und ich sage euch, was sein eigentliches Problem ist. Daß er kein moralischer oder guter Mensch ist, ist nicht die Ursache. Er kann sich moralisch einwandfrei verhalten. Er mag seine christliche Gemeindearbeit treu verrichten und bereit sein, alles zu tun. Aber wenn er nicht betet, dann kennt er Gott nicht als seinen Vater. Wer Gott am besten kennt, der redet am häufigsten mit ihm.

Das muß nicht bewiesen werden — das kleine Kind spricht immer mit seinem Vater. Haben wir nicht oft bemerkt, wie das Kind irgendeines berühmten Mannes ganz frei mit ihm redet, während eine andere Person in seiner Gegenwart ganz nervös ist? Nicht so das Kind; das Kind spricht frei heraus, da es das Verhältnis kennt, und dementsprechend spricht es zu seinem Vater. Aus diesem Grunde sind es auch die Gottesfürchtigsten, die am meisten beten. Und deshalb betete unser Herr mehr als irgendein anderer, denn er kannte Gott auf eine Weise wie niemand sonst. Die Erklärung, warum so viele Menschen mit dem Gebet Schwierigkeiten haben, liegt darin, daß sie am Ende anstatt am Anfang beginnen. Man beginnt nicht mit dem Wunsch nach Antworten, man beginnt mit der Anbetung. Weil wir diesen so wichtigen Punkt vergessen, haben wir solche Probleme. Das Gebet ist die natürlichste Sache für ein Kind, und es gibt nichts, was das ganze Verhältnis des Menschen zu Gott ausdrucksvoller oder überzeugender beschreibt als das Gebet. Dies ist Punkt eins. Ich glaube, daß die Frommen, und besonders unser Herr selbst, nicht vor allem deshalb zu Gott beteten, um ihn um etwas zu bitten, sondern um ihren Kontakt mit Gott aufrechtzuerhalten und mit ihm Gemeinschaft zu haben.

Unsere gesamte Vorstellung vom Gebet ist falsch. Wir denken, es gehe um Führung und Bitten. Würden wir diese Einstellung in menschlichen Beziehungen anwenden, würde es als Beleidigung angesehen werden. Nein, das, was der Gläubige vor allen anderen Dingen wissen möchte, ist, daß zwischen ihm und dem Vater alles in Ordnung ist. Der Fromme erfreut sich an nichts mehr als an der Gewißheit, daß Gott sein Vater ist.

Genau das tut unser Herr in Johannes 17, und das sticht in seinem Gebet am häufigsten hervor. Jesus verleiht seinem eigenen menschlichen Herzen in der Gegenwart seines Vaters Gewißheit. Wir haben schon gesehen, wie er es tat, als er Lazarus vom Tode auferweckte; für uns hat er es in Worte ausgedrückt: «Da hoben sie den Stein weg. Jesus aber hob seine Augen auf und sprach: Vater [er betet], ich danke dir, daß du mich erhört hast [er ist sich in seinem Herzen immer sicher]. Ich weiß, daß du mich allezeit hörst; aber um des Volkes willen, ...» (Joh. 11,41-42). Er wendet sich einfach an Gott. Er weiß, daß alles in Ordnung ist, aber in der Gegenwart Gottes verleiht er seinem Herzen Gewißheit.

Ich will es folgendermaßen ausdrücken: Die Gläubigen aller Zeiten beteten unaufhörlich zu Gott, weil sie an seine Macht, seine Fähigkeit zu helfen und vor allen Dingen an seine Hilfsbereitschaft glaubten. Sie kannten die Macht Gottes, aber die Welt und ihre Versuchungen erschüttern häufig unser Vertrauen in ihn, und es gibt keinen besseren Weg, uns der Macht und der Größe Gottes, seiner Fähigkeit und Hilfsbereitschaft zu erinnern, als zu ihm zu gehen und mit ihm zu sprechen. Deshalb fliehen die Gerechten regelrecht ins Gebet: «Der Name des Herrn ist eine feste Burg; der Gerechte läuft dahin und wird beschirmt» (Spr. 18,10). Mit anderen Worten, der Fromme eilt im Gebet zu Gott und erinnert sich an all diese Dinge.

Das Gebet ist in vieler Hinsicht die höchste Ausdrucksform unseres Glaubens an Gott und seine Verheißungen. Es gibt nichts, was den Glauben eines Menschen so sehr zum Ausdruck bringt, wie wenn er auf die Knie geht, zu Gott aufschaut und mit ihm spricht. Das ist das größte Glaubensbekenntnis. Dabei geht es nicht um das Vortragen von Bitten und Gesuchen, sondern darum, daß man auf Gott wartet, während man zu ihm aufschaut und sagt: Ja, ich glaube alles. Ich glaube, daß du ein Vergelter derjenigen bist, die fleißig nach dir suchen. Ich glaube, daß du der Schöpfer aller Dinge bist und alle Dinge in deinen Händen liegen. Ich weiß, daß alles unter deiner Kontrolle ist. Ich komme deswegen zu dir, weil ich in deiner heiligen Gegenwart Frieden, Ruhe und Stille finde. Ich bete zu dir, weil du der bist, der du bist. Dies ist der ganze Inhalt des Gebets, wie es in der Heiligen Schrift gelehrt wird.

Sowohl der Herr als auch die Gläubigen aller Zeiten beteten zu Gott, um seinen Willen zu erkennen. Sie waren mehr darum besorgt, seinen Willen zu erfahren, als ihrem eigenen Weg und Willen zu folgen. Mit dieser Einstellung gingen sie in seine Gegenwart. Lesen wir z. B. Daniel 9, dort werden wir eine Menge über das Beten lernen. Der Prophet verstand nicht ganz, was Gott tat. Er war verwirrt. Deshalb ging er zu Gott und sprach mit ihm. Er äußerte zuerst verschiedene Dinge, deren er sich sicher war, aber dann sagte er mit anderen Worten: «Ich verstehe dies nicht so ganz. Ich möchte jedoch deinen gnädigen Willen tun, und du weißt, was du tust.»

Jeremia hatte dieselbe Grundhaltung. Gott hatte ihm befohlen, ein bestimmtes Stück Land zu kaufen. Jeremias erste Reaktion war, daß dies unmöglich sei, denn Gott hatte ihm ebenfalls mitgeteilt, daß die Kinder Israel bald in Gefangenschaft geführt werden sollten. Wenn das stimmte, welchen Sinn hatte es dann, jetzt noch Land zu kaufen? Aber dann rief er sich den Charakter Gottes ins Gedächtnis zurück und sagte sinngemäß: «Erleuchte meine Unkenntnis, laß mich erkennen, was du tust. Erkläre mir deinen heiligen Willen.»

Was immer wir vom Gebet nicht verstehen mögen, eins wissen wir jetzt: Gott hat bestimmt, sein Werk in dieser Welt durch betende Menschen zu verrichten. Er hätte es nicht so machen müssen. Er hätte es ohne sie tun können, aber es ist eine Tatsache, daß Gott sein Werk in dieser Welt durch Männer und Frauen vollenden will, durch dich und mich und durch unsere Gebete. Er ruft uns auf zu beten. Dann erhört er unsere Gebete — auch wenn er es ohne sie hätte tun können.

«Ach», sagt nun vielleicht jemand, «das wollte ich gerade wissen — warum tut er das?»

Meine lieben Freunde, wer kann solch eine Frage beantworten? Ich kann es nicht. Aber ich danke Gott, daß er so handelt. Ich weiß nicht, warum er es so bestimmt hat, aber ich weiß, daß er es so will. Das ist sein Weg. Ich akzeptiere ihn. Und ich bin dafür dankbar, denn so offenbart sich uns Gott. Lesen wir doch, was in der Heiligen Schrift über das Gebet steht, und betrachten wir vor allen Dingen die Beter, auch unseren Herrn, und wir werden erkennen, daß sie ein ganz besonderes Verhältnis zu Gott hatten. Ohne das Gebet hätten sie das nie erfahren. So zeigt sich Gott und offenbart uns sein Vaterherz. Ich befinde mich z. B. in einer schwierigen Situation. Ich weiß nicht, was ich tun soll. Ich bin vielleicht betrübt und fühle mich elend. Aber dann gehe ich zu Gott und warte auf ihn. Er beginnt mir seine Absicht zu zeigen; er offenbart sich mir. Wenn wir durch das Gebet noch nicht mehr von Gott gelernt haben, dann stimmt irgend etwas nicht in unserem geistlichen Leben. Durch das Gebet belehrt er uns und stärkt unseren Glauben. Und weil er sich so der Menschheit offenbart und seine Ziele zur Ausführung bringt, brauchen wir wegen der Allmacht Gottes keine Probleme zu haben. Wir brauchen uns nicht verunsichern zu lassen. Gott hat es so gewollt. Seine Allmacht muß uns darum nie zum Problem werden. Gleichermaßen kann ich sagen, daß das Gebet die Souveränität Gottes in keiner Weise in Frage stellt. Vielmehr ist es einer der Wege, seine Souveränität zum Ausdruck kommen zu lassen. Es besteht kein Konflikt zwischen der Souveränität Gottes und dem Gebet, denn es ist der souveräne Gott, der sein Werk in dieser Welt durch betende Männer und Frauen tun will.

Das höchste Ziel des Gebets sollten die Verherrlichung und der Lobpreis Gottes sein. Deshalb sollte die Anbetung immer am Beginn stehen. So finden wir es auch in dem Gebet, das er uns als Beispiel gegeben hat: «Unser Vater, der du bist im Himmel. Geheiligt werde dein Name. Dein Reich komme ...» Beginne nicht mit: «Gott, gib mir dies und das ...» Nein, beginne mit Anbetung. Es geht um das persönliche Verhältnis; wir beten, weil wir die Person mögen, weil wir der Person Respekt erweisen möchten, weil wir uns in der Gegenwart der Person wohlfühlen — das ist der Inhalt des Gebets.

Eine weitere Schlußfolgerung ist, daß Gott Freude daran hat, Dinge gesagt zu bekommen, die er schon weiß. Auch das ist ein wesentlicher Bestandteil des Gebets. Lest die Bibel, und ihr werdet erleben, wie zum Beispiel Johannes Gott Dinge sagt, die er schon wußte. Die Schreiber der Psalmen taten dasselbe — warum? Weil Gott ein Vater ist! Gott ist keine Maschine, wenn ich das einmal in aller Ehrfurcht sagen darf. Er ist unser Vater, und als ein Vater freut er sich, diese Dinge von seinen Kindern gesagt zu bekommen. Er möchte, daß wir mit ihm reden, und deshalb brauchen wir uns nicht zu scheuen, Gott Dinge zu sagen, die er schon weiß. Sagen wir nicht: «Gott ist allwissend, und weil Gott alles weiß, brauche ich in seiner Gegenwart nur stille zu warten.» Nein, sagen wir ihm die Dinge, die er gern hört. Er möchte mit uns in Verbindung stehen, und er freut sich an der Gemeinschaft mit uns.

Als nächstes möchte ich erwähnen, daß unser Gebet niemals zum Ziel haben sollte, Gottes Herz oder Willen ändern zu wollen. Dafür besteht keine Notwendigkeit. Wenn wir denken, wir müßten Gottes Herz ändern, dann beleidigen wir ihn. Gottes Wille ist immer vollkommen, und er ist ein liebender Vater. Kommen wir lieber zu ihm, um seinen Willen zu entdecken, zu erkennen, daß er richtig ist, und um uns daran zu freuen. Das ist das Ziel des Gebets. Das bedeutet allerdings nicht, daß wir ihm nicht unsere Bitten vortragen könnten. Als unser Vater wartet er darauf und ist gewillt, uns zu erhören. Darum dürfen wir ihm alles sagen. Tun wir doch, was diese Männer taten und was unser Herr im Garten Gethsemane tat — «Wenn möglich ... aber nicht so wie ich will, sondern wie du willst.» Bringen wir ihm unsere Anliegen vor, und erzählen wir ihm von unseren Wünschen, aber immer mit dem Nachsatz: Ich bin so gering und sterblich. Ich verstehe nichts. Dies hätte ich gern, aber wenn es nicht dein Wille ist, dann will ich nicht mehr darum bitten. Ich bin zufrieden mit dem, was du willst, egal was es sein mag — ein Verhalten gänzlicher Hingabe. Wenn wir unser Gebet mit der Verherrlichung Gottes beginnen und sagen: «Geheiligt werde dein Name, dein Reich komme auf Erden, dein Wille geschehe» usw., dann haben wir bereits folgendes zum Ausdruck gebracht: Gott, mein größter Wunsch ist es, daß dein Wille in mir sowie in der ganzen Welt ausgeführt wird. Dann können wir wirklich sagen, wenn wir unsere Bitten vorbringen: Wenn es dein Wille ist! Manche meinen, man sollte dieses «Wenn es dein Wille ist» gar nicht hinzufügen. Doch ich habe die Bestätigung des Sohnes Gottes, des Herrn Jesus Christus selbst. Es ist *Gottes* Wille, der ausgeführt werden soll! Deshalb dürfen wir Gott unsere Bitten und Wünsche vortragen, aber wir sollten uns immer gänzlich dem Willen Gottes unterordnen.

Schließlich möchte ich noch darauf hinweisen, daß Einwände, Argumente und Gesuche im Gebetsleben völlig legitim sind. Ist uns aufgefallen, wie diese Gottesmänner beten? Sie wußten, daß Gott allwissend ist, deshalb trugen sie ihm nicht nur ihre Bitten vor, sondern verhandelten sogar mit ihm. Ich liebe die Art, wie sie Dinge mit ihm erörterten, Mose zum Beispiel. Einmal kam er vom Berg hinunter und fand das Volk in Rebellion vor. Gott drohte, das Volk zu verstoßen und es sich selbst zu überlassen. Da sagte Mose zu Gott: Das kannst du nicht machen! Der Beter in Psalm 74 äußerte: Herr, warum läßt du es zu, daß Menschen solche Dinge tun? Ich glaube, Gott als Vater hat Freude daran, solche Bitten und Überlegungen anzuhören. Unsere schlaffe Generation scheint vergessen zu haben, woran unsere Väter ihre Freude hatten, wenn sie davon sprachen, «die Verheißungen einzufordern». Sie empfanden das nicht als anmaßend. Ihre Demut war nicht geheuchelt. Sie glaubten, daß sie aufgrund dieser Lehre berechtigt waren, wie der Psalmist zu Gott zu kommen und ihn an seine eigenen Verheißungen zu erinnern. Sie sagten: Herr, ich verstehe das nicht, weil ich unvollkommen bin, aber ich bin mir dieser Verheißungen sicher. Herr, hilf mir zu erkennen, was deine Verheißungen in dieser Situation bedeuten.

So mit Gott zu verhandeln, ist vollkommen richtig. Selbst unser Herr tat es. In unserem Johannes-Kapitel sehen wir ihn mit Gott ringen. Er erinnerte ihn an seine eigenen Verheißungen und an seinen Charakter. Unsere Herzen werden vor ihm Gewißheit finden, wenn wir es genauso tun, und oft werden wir staunen über die Antworten, die wir erhalten. Was auch geschieht, wenn wir nur richtig beten, wird uns das Gebet immer näher zu Gott bringen.

Gott gebe, daß wir das, was wir gerade gelesen haben, in uns aufnehmen und umsetzen lernen. Meine lieben Freunde, denkt, bevor ihr betet. Tretet mit dem Bewußtsein in die Gegenwart Gottes, daß er im Himmel ist und wir auf der Erde. Nehmen wir uns doch die Väter des Glaubens als Beispiel, und vor allen Dingen unseren Herrn selbst. Er ertrug den Widerstand der Sünder gegen sich, er widerstand der Sünde bis aufs Blut und betete voller Furcht und Schweiß. Und sein Gebet wurde erhört aufgrund seiner Ehrfurcht und göttlichen Furcht, obwohl er wahrhaftig der eingeborene Sohn Gottes war.

Kapitel drei

Die Herrlichkeit Gottes im Heilsplan

Johannes 17,1

Wir haben uns bis jetzt einen allgemeinen Überblick verschafft. Nun können wir uns den eigentlichen Themen, die unser Herr in seinem Gebet ansprach, und den Gedanken, die ihn beherrschten, als er zu seinem himmlischen Vater betete, zuwenden. Ich will noch einmal daran erinnern, daß dieses Gebet in drei Hauptabschnitte eingeteilt werden kann: den ersten Teil von Vers 1 bis 5, in dem der Herr für sich selbst betet; dann haben wir in den Versen 6 bis 19 sein Gebet für die Jünger; in den folgenden Versen schließlich betet er für die weltweite Gemeinde.

Im ersten Teil des Gebets geht es vor allem darum, daß der Vater ihn verherrliche, damit auch er den Vater verherrlichen kann: «Vater, die Stunde ist da; verherrliche deinen Sohn, damit der Sohn dich verherrliche.» Das ist sein Hauptanliegen. Und er sagt uns auch, warum. Es geht ihm um Gottes wunderbaren Plan im Blick auf unsere Erlösung. Es ist das Anliegen des Herrn, daß Gottes Herrlichkeit offenbar werde, und zwar besonders in der Errettung der Menschen.

Die Folge ist, daß in diesen fünf Versen der Plan für unsere Erlösung auf eine Weise vor uns entfaltet wird wie vielleicht nirgendwo sonst in der Heiligen Schrift. Es ist wirklich bemerkenswert, wie uns die Heilige Schrift immer wieder in wenigen Worten eine Art vollständige Zusammenfassung ihrer Lehre gibt. So auch in diesem Gebet. Der Herr öffnet uns die

Augen und erklärt uns einige wichtige Bestandteile und Grundsätze unseres Glaubens. Und da er selbst hier spricht und betet, kann man wohl sagen, daß wir nirgends eine bessere Auslegung des Evangeliums finden als in diesen fünf Versen.

Warum hört man heute wohl so wenig über Ziel und Absicht des Heilsplans? Unsere Väter hatten ihre Freude daran, ihn zu betrachten, über ihn nachzudenken. Und ich sage sicher nicht zuviel, wenn ich behaupte, daß die meisten Probleme der Christen und der Gemeinde von heute größtenteils damit zusammenhängen, daß wir den Heilsplan nicht mehr im gesamten betrachten.

Ich werde nie müde, darauf hinzuweisen, daß das Problem unserer modernen Generation darin besteht, daß wir so überaus subjektiv sind. Ich rede jetzt nicht von Menschen, die außerhalb der Gemeinde stehen, sondern von uns, die wir zur Gemeinde gehören. Wir sind vielleicht alle von diesem Denken und dem geradezu krankhaften Interesse an Psychologie und Selbstanalyse beeinflußt. Wir sind egozentrisch geworden, und das ist der Fluch unserer Generation. Wir schauen immer auf uns selbst, welche Auswirkungen eine Sache auf uns hat, und was *wir* wollen. Dafür gibt es viele Erklärungen, die uns jetzt nicht zu interessieren brauchen. Aber es ist eine Tatsache, daß wir Sklaven unserer eigenen Gewohnheiten, Haltungen und Wünsche sind, Sklaven unserer Neigungen und Abneigungen. Wir betrachten alles von unserem Standpunkt aus, sogar das Evangelium von Jesus Christus, und die Folge ist, daß wir nicht in der Lage sind, die Wahrheit über uns selbst oder über das wunderbare Werk der Erlösung zu erkennen. Wir achten nur darauf, was das Evangelium *uns* zu sagen hat, wie es *uns helfen* kann, und hören nicht, was es *über uns* zu sagen hat. Wir versäumen es, die Reichweite, die Größe und die Unermeßlichkeit des Evangeliums an sich zu erkennen.

Der Schreiber des Hebräerbriefes schildert das Evangelium als «ein so großes Heil». Mir scheint, als ob wir in der heutigen Zeit diese Bedeutung verpassen, weil wir nur auf uns sehen und auf das, was das Evangelium uns zu geben hat, anstatt es so zu betrachten, wie es ist und wie es uns dargestellt wird. Das Evangelium wird uns nur als eine persönliche Angelegenheit gepredigt, und wir vergessen seine Größe, die wir erst dann entdecken, wenn wir Gottes Heilsplan im ganzen betrachten und es dem Evangelium erlauben, ihn vor unserem staunenden Blick zu entfalten. In vielen unserer alten Kirchenlieder finden wir diesen Gedanken der Größe ganz wunderbar ausgedrückt.

Charles Wesley sagte: «Es ist alles Gnade, unermeßlich und frei», und doch wird uns oft der Eindruck vermittelt, das Evangelium sei etwas Subjektives und Kleines, etwas, das nur dies oder jenes tut. Gott sei Dank, daß es diese Dinge für mich auch tut, aber das ist nicht alles. Wenn wir subjektiv an die Sache herangehen, werden wir uns oft unglücklich fühlen; wenn wir das Evangelium für etwas halten, was zu uns kommt oder in unserem Leben geschieht, dann werden wir augenblicklich enttäuscht, und wir haben nichts, worauf wir zurückgreifen können. Die Tragik dieser subjektiven Betrachtensweise besteht darin, daß sie uns letztlich Schiffbruch erleiden läßt.

Doch wenn wir möglichst objektiv beginnen und erst dann subjektiv werden, gewinnen wir alles. Um der Gefahr der Subjektivität zu entgehen, müssen wir den Heilsplan gründlich und im ganzen studieren. Wir sagen oft, wir seien zu beschäftigt und hätten keine Zeit zum Lesen. Unsere Väter forschten in den Schriften, aber *wir* haben dafür keine Zeit. Wir wollen sie möglichst kompakt und präzis präsentiert und mit einer einzigen Predigt das ganze Johannesevangelium erläutert bekommen. In Windeseile wollen wir die ganze Bibel erfassen, und das Ergebnis ist, daß wir die darin enthaltene Lehre verpassen. Nur durch eine intensive Beschäftigung mit der Schrift wird es uns gelingen, die Juwelen zu finden, die offen vor uns liegen. Es ist eine Tragödie, daß wir im geistlichen Bereich als Arme leben, obgleich Gott möchte, daß wir Fürsten sind. In erster Linie jedoch wollen wir die Bibel lesen, damit unser Christenleben an Vertrauen, Gewißheit und Standfestigkeit gewinnt.

Das Evangelium — und ich sage dies mit Ehrfurcht, damit ich nicht mißverstanden werde — hat seinen Anfang nicht bei dem Herrn Jesus Christus, sondern bei Gott dem Vater! Die Bibel beginnt immer und überall mit Gott dem Vater; und wir müssen dasselbe tun, denn dies ist die Reihenfolge in der Dreieinigkeit. Die Erlösung kommt ganz und gar von Gott. Sie ist eine Gabe Gottes: «Denn du hast ihm Macht gegeben über alle Menschen, damit er das ewige Leben gebe allen, die du ihm gegeben hast.» Das wollen wir immer wieder hervorheben.

Das Evangelium verkündigt gleich zu Anfang, daß der Mensch zu seiner Erlösung überhaupt nichts beitragen kann. Das Evangelium ist weder ein Schema noch ein Vorschlag, wie der Mensch sich selbst erlösen kann. Es ist auch kein von Gott entworfenes Programm, für das uns in der Person des Sohnes Gottes ein Beispiel gegeben wurde, das uns zeigt, wie wir uns selbst erheben und in den Himmel bringen können. Nein, es sagt uns von Anfang an, daß wir selbst nichts tun können. Wir sind alle tot in Übertretung und Sünde. Wir sind gänzlich hilflos und vollkommen machtlos. Während wir noch ohne Kraft waren, starb Christus für den Gottlosen. Während der Mensch noch völlig gebunden war an Sünde, Satan und Hölle, tat Gott etwas. Das ist der eigentliche Inhalt der Botschaft, und unser Herr wiederholt es immer wieder. Das Evangelium ist die gute Nachricht von dem, was Gott für uns Menschen und unsere Erlösung getan hat. Ich hoffe, niemand meint, der Gemeindebesuch zum Beispiel könne ihm Erlösung bei Gott bringen. Das ist ein ausgesprochener Trugschluß. Die Erlösung kommt ganz allein von Ihm!

«Denn der Sünde Sold ist der Tod; die Gabe Gottes aber ist das ewige Leben in Christus Jesus, unserm Herrn» (Röm. 6,23). So drückt es Paulus aus. Unser Herr sagt es in folgenden Worten: «Denn du hast ihm Macht gegeben über alle Menschen, damit er das ewige Leben gebe allen, die du ihm gegeben hast.» Das Johannesevangelium bringt diese Botschaft von Anfang an. Sie war der ganze Inhalt der Worte Jesu an Nikodemus — erst mußt du *angenommen* sein, dann mußt du wiedergeboren werden —; es kommt alles von Gott. «Also hat Gott die Welt geliebt, daß er seinen eingeborenen Sohn gab ...» Die Bibelstellen sind nicht zu zählen. Erst wenn wir dies zu verstehen beginnen, können wir etwas von der Größe der Erlösung erfassen und davon, was es bedeutet, daß der große, allmächtige, ewige Gott überhaupt etwas dafür getan hat. Aber er hat es getan. Wie, das wollen wir jetzt näher betrachten.

Wie schon erwähnt, ist unser Herr in seinem Gebet um nichts so sehr besorgt wie um die Verherrlichung Gottes. «Vater», sagt er, «verherrliche deinen Sohn, damit der Sohn dich verherrliche.» Sein Hauptanliegen ist nicht nur, daß er selbst verherrlicht wird. Es geht ihm um mehr: Er ist so sehr darauf bedacht, den Vater zu verherrlichen, weil er möchte, daß der Vater ihn verherrliche, damit der Vater dadurch selbst verherrlicht wird. Dies ist natürlich eines der erstaunlichsten Dinge, über die wir je nachdenken können. In seinem ganzen Erdenleben hatte unser Herr nur einen großen Wunsch — seinen Vater zu verherrlichen. Das betont er immer wieder. Er ist nicht gekommen, um seinen eigenen Willen zu tun, sondern den Willen des Vaters, der ihn gesandt hat. Er spricht die Worte des Vaters, er tut die Werke des Vaters, und seine einzige Sorge ist, daß er ihn nie enttäusche und nie in der großen Aufgabe versage, die ihm zugeteilt wurde. Er lebt gänzlich und ausschließlich zur Verherrlichung seines Vaters. Er ist nicht gekommen, um sich selbst darzustellen oder sich selbst zu verherrlichen. «Er erniedrigte sich selbst», schreibt der Apostel Paulus. Und indem er sich erniedrigte, stellte er sich als Sohn in der ewigen Dreieinigkeit vor und verherrlichte den Vater. Darum kam er in diese Welt. Alles, was er tat, hatte dieses einzige Ziel — die Verherrlichung des Vaters.

Aber ich kann das natürlich nicht erwähnen, ohne sofort hinzuzufügen, daß auch das einzige Ziel deiner und meiner Erlösung die Verherrlichung des Vaters ist. Ach, daß wir dies verstehen möchten! Ich weiß, daß wir hier alle schuldig werden — und ich bin genauso schuldig wie jeder andere auch —, weil wir meinen, Gott und die ganze Frage der Erlösung sei dazu bestimmt, unsere eigenen Probleme zu lösen. Wenn die Leute zu mir kommen, dann fragen sie meist: «Was wird die Erlösung für mich tun?» Und die Antwort, die so oft in unserer Verkündigung gegeben wird, lautet: «Glaubt dem Evangelium, und es wird für euch wunderbare Dinge tun.» Ich danke Gott, daß dies wahr ist, aber, meine lieben Freunde, wir sollten dies nicht an die erste Stelle setzen. Das höchste Ziel unserer Erlösung ist die Verherrlichung Gottes. Das eigentliche Wesen der Sünde besteht nicht in den einzelnen Taten, derer du und ich uns vielleicht schuldig gemacht haben, sondern darin, daß wir Gott nicht verherrlichen. Wenn wir an Sünde denken, denken wir an einzelne Taten, und deshalb glaubt ein anständiger Mensch nicht, daß er ein Sünder ist. Aber jeder, der Gott nicht verherrlicht, macht sich der scheußlichsten Sünde schuldig. Auch wenn du nie betrunken warst oder nie Ehebruch begangen hast — wenn du für dich selbst und deine eigene Herrlichkeit lebst, dann bist du genauso ein Sünder wie all jene, die du als Sünder ansiehst. Der Prophet Daniel hat dies dem König Belsazar in Daniel 5 klargemacht, als er ihm aufzeigte, daß der Inhalt seiner Sünde nicht darin bestand, daß er Wein in die heiligen Gefäße Gottes gegossen und mit seinen Frauen und Konkubinen daraus getrunken, sondern daß er sich vor dem Herrn nicht gedemütigt hatte. Er hatte sich selbst erhöht und Gott nicht die Ehre gegeben.

Im Westminster-Bekenntnis wird die erste Frage nach dem Hauptziel des Menschen gestellt. Die Antwort lautet: «Das Hauptziel des Menschen ist, Gott zu verherrlichen und für immer Freude an ihm zu haben.» Es spielt keine Rolle, was geschieht oder was uns mißlingt. Wir sollen Gott verherrlichen und zu seiner Ehre leben. Das allein ist der Inhalt der Erlösung. Daraus schließe ich den folgenden letzten Grundsatz: Der tatsächliche Beweis, daß wir Christen sind, zeigt sich in unserem Wunsch, Gott zu verherrlichen, und nicht in der Tatsache, daß wir jetzt glücklich sind, während wir früher unglücklich waren. Das können die Sekten und Kulte und auch die Psychotherapie vollbringen. Sie behandeln jene, die sich elend fühlen oder ängstlich und besorgt sind, mit einer Therapie, die ihnen all ihre Probleme nimmt, und die Menschen fühlen sich glücklich und zufrieden; doch sie wurden bloß in die Lage versetzt, ihre Schwierigkeiten zu vergessen und in ihrem Leben einige Änderungen vorzunehmen. Wenn das allein der Beweis der Erlösung ist, dann habe ich den Kulten oder der Psychologie nichts zu sagen.

Das Wesen echter Erlösung besteht jedoch darin, daß der Christ nun Gott verherrlichen will. Wenn wir sagen, ein erlöster Mensch sei wiedergeboren, Christus wohne in ihm und er sei nun Teilhaber der göttlichen Natur, dann ist es ganz natürlich, daß er dem Herrn immer ähnlicher wird. Wenn ich Jesus Christus anschaue, sehe ich einen Mann der Schmerzen vor mir, verachtet und gequält. Er wurde furchtbar versucht, doch immer und überall hatte er nur einen großen Wunsch — zur Ehre Gottes zu leben. Das Christentum ist nichts Leichtes und Oberflächliches, das bestimmte Dinge für uns tut und uns angenehme Gefühle verschafft. Es bringt uns in die Gemeinschaft mit Gott. Man beginnt, auf ihn zu blicken, und wird von seiner Heiligkeit ergriffen. Man nähert sich mit Ehrfurcht und göttlicher Furcht; man kommt nicht leichtfertig in seine Gegenwart. Nein, man spricht ihn mit «Vater» an, mit «heiliger Vater» und «gerechter Vater», genauso wie der Sohn es tat. Egal, was geschieht, und egal, was wir im Blick auf die Erlösung empfinden, über allem steht dieser tiefe Wunsch, zu seiner Verherrlichung zu leben, etwas von dieser Herrlichkeit widerzuspiegeln und sich ihr ganz hinzugeben.

Ich möchte noch einen Schritt weitergehen. Wenn das Hauptziel der Erlösung die Verherrlichung Gottes und seine Offenbarung ist, dann können wir sagen, daß die *Herrlichkeit* Gottes sich uns vor allem im Evangelium offenbart. Unser Herr stellt dies in Form einer Bitte dar. Er steht kurz vor seiner Kreuzigung. Er weiß etwas von der Seelenqual und dem Schweiß von Gethsemane, und sein einziger Wunsch ist dieser: Vater, befähige du mich, weiterzugehen, gib mir Kraft zu tragen, gib mir alles, was ich dazu benötige, damit deine große Herrlichkeit in dieser Erlösung offenbart und kundgetan werden kann. Ich bin auf die Erde gekommen, um das zu tun, befähige du mich, dieses Werk zu tun, damit dein Name verherrlicht werden kann. Dies ist seine Bitte. Dies ist sein Gesuch.

Inwiefern offenbart dann das Evangelium Jesu Christi die Herrlichkeit Gottes wie nichts anderes? Größer als sein Wunsch, uns zu erlösen, war sein Anliegen, die Herrlichkeit Gottes zu offenbaren. Ist uns das je bewußt geworden? Oder meinen wir noch immer, die Erlösung sei dazu bestimmt, den Menschen zu erlösen? Natürlich tut sie auch das, aber in erster Linie war sie dazu bestimmt, die Herrlichkeit Gottes zu offenbaren. Und das tat der Herr vor allem, indem er das Wesen Gottes offenbarte. Das Evangelium von Jesus Christus tut wie nichts anderes sonst die *Heiligkeit* und *Gerechtigkeit* Gottes kund; der gesamte Heilsplan redet im Grunde nur davon, daß Gott die Sünde nicht ignorieren kann. Er kann nicht sagen: «Nun, ich will so tun, als hätte ich nichts gesehen; ja, sie haben gesündigt, sie sind abgeglitten und haben gegen mich rebelliert, aber ich bin ein liebender Vater. Ich bin ja nicht so; es ist schon in Ordnung, ich möchte sie wieder annehmen.» Nein, die Erlösung, wie sie uns in den Evangelien geschildert wird, sagt uns, daß Gott — ich sage es mit Ehrfurcht — dies nicht tun kann. Wegen der Heiligkeit und Gerechtigkeit seines Wesens kann er die Sünde nicht ignorieren. Sünde ist eine Wirklichkeit, sie ist auch für Gott ein Problem (ich sage dies wiederum mit Ehrfurcht). Er sieht sie und muß sich mit ihr befassen, und deshalb offenbart er die Herrlichkeit seines Wesens in seiner Heiligkeit und Gerechtigkeit.

Aber Gott sei Dank bleibt er dabei nicht stehen, denn als nächstes offenbart er uns sein *Wohlwollen*, seine *Barmherzigkeit* und sein *Mitleid*. Wenn wir nur unsere Sünde und die Heiligkeit Gottes hätten, dann könnten wir uns leicht vorstellen, was Gott getan hätte. Er hätte die Menschen einfach von der Welt ausgelöscht. Das hätte er tun können. Er hätte die ganze Welt mit allem Bösen der Vernichtung und der ewigen Qual übergeben können, und er wäre vollkommen im Recht gewesen. Aber das Evangelium sagt uns, daß er das nicht tat, sondern genau das Gegenteil. Warum? Wegen seines Wohlwollens, seiner Gnade und seines Mitleids.

Wie oft erzählen uns die Evangelisten von Jesu Erbarmen über einen armen, leidenden Menschen. Er hatte Erbarmen, weil er wie sein Vater war; so wird uns die Herrlichkeit Gottes im Evangelium offenbart. Er vernichtet die Welt nicht, sondern tut statt dessen etwas ganz anderes. Und das zeigt mir seine Weisheit. Paulus hob dies gern hervor, wenn er die klugen Philosophen in Korinth und anderswo ansprach. Christus, sagte er, ist die Kraft Gottes und die Weisheit Gottes. Nirgendwo wird die Weisheit Gottes so herrlich und wunderbar dargestellt wie in seinem Evangelium. Ich möchte das erklären. Da ist ein Sünder, und dort haben wir Gott im Himmel. Gott sieht die Situation, doch aufgrund seines Wesens löscht er den Sünder nicht aus. Wegen seiner Gnade und seines Mitleids greift er ein. Wie? Die Antwort ist der Heilsplan, jener Weg, den Gott in seiner wunderbaren Weisheit ersonnen hat. Er sandte seinen Sohn, und der Sohn kam durch das Wunder einer jungfräulichen Geburt in diese Welt. Er nahm menschliche Gestalt an und lebte als ein Mensch.

Ich erwähne diese Dinge nur flüchtig. Haben wir jemals gestaunt über die liebende *Weisheit* unseres Herrn, so wie sie sich uns im Heilsplan offenbart? Wir müssen zu diesen Dingen zurückfinden! Wir müssen diesen Plan und seine Durchführung begutachten und seine Vollkommenheit erkennen, alles andere für eine Weile vergessen und uns in ihn versenken.

Aber ich möchte auch noch darauf eingehen, wie das Evangelium die große *Liebe* Gottes offenbart. Sicherlich haben wir bemerkt, daß ich einen Unterschied zwischen dem Wohlwollen, der Gnade, dem Mitleid und der Liebe Gottes mache. Ich denke, das ist nötig, denn schließlich sehen wir in diesem ganzen Heilsplan, im Senden seines Sohnes und in seiner, wenn ich es so ausdrücken darf, Verbannung aus den Himmelshöfen auch etwas von Gottes Liebe. Meine lieben Freunde, Gott ist kein philosophisches Konzept! Gott ist eine Person, und als eine Person existiert Gott; Gott liebt, und das Leben der Dreieinigkeit besteht in der Liebe des Vaters zum Sohn und zum Heiligen Geist, in der Liebe des Sohnes zum Vater und Heiligen Geist und in der Liebe des Heiligen Geistes zum Vater und zum Sohn. Wir können uns diese vollkommene Einigkeit, dieses vollkommene Glück und diese vollkommene Liebe nicht vorstellen. Und dennoch ist dies alles in der

Erlösung vorhanden. «Also hat Gott die Welt geliebt, daß er seinen eingeborenen Sohn gab» — ja, und ich stelle es auch negativ dar, wie Paulus es in seinem Brief an die Römer tut: «Der auch seinen eigenen Sohn nicht verschont hat.» Darin erkennen wir die Liebe Gottes, daß er den Sohn seiner Liebe, den eingeborenen Sohn, in diese grausame, sündige Welt sandte. Er ließ es zu, ihn als Mensch leben zu lassen. Er ließ es zu, ihn «soviel Widerspruch gegen sich von den Sündern» erdulden zu lassen. Und er legte deine und meine Sünden am Kreuz in solch einer Weise auf ihn, daß Vater und Sohn in diesem Moment getrennt waren und der Sohn ausrief: «Mein Gott, mein Gott, warum hast du mich verlassen?» Wenn ich glaube, daß dies im Vaterherzen Gottes möglich ist, dann kann ich nicht an die Teilnahmslosigkeit Gottes glauben. Ich glaube, daß Gott in seiner Liebe zu seinem Sohn litt, und darin sehe ich die bewundernswerte Liebe Gottes und seine Herrlichkeit offenbart.

Aber wir sollten auch erkennen, wie dieser Plan der Erlösung die Gerechtigkeit Gottes offenbart. Gott kann in seiner Gerechtigkeit und Heiligkeit nichts tun, was ungerecht ist, trotz seiner Liebe. In Römer 3 sagt Paulus, daß Gott einen Weg der Erlösung finden mußte, der ihn befähigt, gerecht zu sein und gleichzeitig den Sünder gerecht zu machen. Wenn Gott Sünde vergeben würde, ohne damit zu seiner eigenen Gerechtigkeit beizutragen, wäre er nicht länger Gott. Das Wunderbare ist nun, daß Gott, indem er unsere Sünden auf Christus legte und dieser die Strafe erlitt, uns vergeben und dennoch gerecht sein kann. Er hat die Sünde bestraft, er hat sie nicht vergessen oder ignoriert. Erlösung bedeutet nicht, daß Gott sagt: «Ach, sie haben gesündigt. Ich sollte sie dafür strafen, aber das wäre zu hart für sie.» Nein, er hat es durch seinen Sohn getan, denn er ist gerecht. So offenbart uns also der Heilsplan die Herrlichkeit des Wesens Gottes, indem er uns die Gerechtigkeit und vollkommene Richtigkeit seines heiligen Charakters zeigt.

Und schließlich offenbart er uns wie nichts anderes die *Macht* Gottes. Die Macht Gottes wurde in der Menschwerdung kund, als er einen Körper für seinen Sohn vorbereitete und das Wunder der jungfräulichen Geburt wirkte. Was für eine erstaunliche Macht! Aber nicht nur das. Wenn wir auf Gott in Christus schauen und auf alles, was er für diesen Erlösungsplan durch ihn wirkte, dann erkennen wir, welche vollkommene Macht er hat über alles, was sich ihm entgegenstellt. Er ist Herr über alles, was sich dem Heil des Menschen und dieser Welt widersetzen will.

Denn es ist eine Tatsache, daß alle Probleme auf diese Weise entstanden sind. Einer der klügsten Engel, die von Gott geschaffen wurden, rebellierte gegen Gott und widersetzte sich ihm. Dies ist der Ursprung Satans. Er ist eine Macht, eine Person, ein Engel von großer Kraft. Er ist so mächtig, daß er einen Menschen verführte, ihn besiegte und sich damit zum Gott dieser Welt und zum «Mächtigen, der in der Luft herrscht» (Eph. 2,2) machte. Es hat in dieser Welt nie einen Menschen gegeben, der in der Lage gewesen wäre, sich ihm zu stellen und im Kampf zu siegen. Die Macht des Teufels wird von uns ernsthaft unterschätzt, denn sie ist so groß, daß er sich nicht schämt, sich gegen Gott zu stellen. Er glaubte wahrhaftig, er habe das ganze Erlösungswerk umgestoßen, als der Sohn Gottes ans Kreuz ging.

Doch damit, so sagt Paulus in Kolosser 2, beging er seinen größten Fehler, denn durch das Kreuz hat Gott «die Mächte und Gewalten ihrer Macht entkleidet und sie öffentlich zur Schau gestellt und hat einen Triumph aus ihnen gemacht in Christus» (Vers 15). Christus forderte Satan zum Kampf auf und besiegte ihn. Am Kreuz erfüllte er die Verheißung, die dem Menschen am Anfang gegeben wurde, daß nämlich der Nachkomme der Frau der Schlange den Kopf zertreten sollte — das war schon damals im Erlösungsplan enthalten. Deshalb ist

Gottes Macht größer als die Macht Satans und all seiner Verbündeten. Und das gibt uns die Gewißheit, daß er am Ende in den Feuersee geworfen und alles Böse vernichtet und verbrannt werden wird.

«Vater, die Stunde ist da; verherrliche deinen Sohn, damit der Sohn dich verherrliche.» Wieviel Zeit nehmen wir uns, um über diese Herrlichkeit nachzudenken? Wir wollen sie studieren! Wir wollen uns selbst, unsere Launen, unseren Zustand, unsere Gefühle und unsere Wünsche vergessen und einen Moment innehalten und darüber nachdenken. Wir wollen den Heilsplan bedenken und darüber loben und danken und staunen.

Kapitel vier

Unsere Sicherheit in Gott

Johannes 17,1-5

Bei unserer Betrachtung dieses großartigen Kapitels haben wir uns bislang vor allem auf die mächtige Erlösungslehre konzentriert, wie sie in diesen fünf Versen wiedergegeben und offenbart wird. Wir haben erkannt, daß Gott alle Ehre für die Erlösung gebührt und daß der Heilsplan Gottes wunderbaren Charakter, seine Heiligkeit, Barmherzigkeit, Weisheit, Liebe, Gerechtigkeit und Macht kundtut. Wir wollen jetzt noch mehr ins einzelne gehen, um die Herrlichkeit Gottes in einer noch wundervolleren Weise zu sehen. Ich hoffe, daß niemand die Wichtigkeit dieser Betrachtung anzweifelt. Ich hoffe, daß niemand denkt: «Gut und schön, wenn jemand Muße und nichts anderes zu tun hat. Es ist ganz in Ordnung, die Herrlichkeit Gottes zu betrachten und darüber nachzudenken, aber ich für mein Teil finde das Leben sehr schwierig und mühsam. Ich befinde mich schwer unter Druck. Ich brauche meine ganze Kraft, um meinen Lebensunterhalt zu verdienen. Ich habe Probleme in meinem eigenen Leben und Krankheit in der Familie. Ich bin buchstäblich durch Schwierigkeiten aller Art eingeengt. Was hat all dies mit mir zu tun?»

Wie viele Menschen haben in ihrer Unwissenheit und Torheit schon so reagiert! Sie haben die wunderbare Lehre von der Herrlichkeit Gottes als etwas Theoretisches angesehen, das nichts mit ihnen zu tun hat. Aber, meine lieben Freunde, es gibt keinen größeren Trugschluß! Allein die Tatsache, daß unser Herr dieses Gebet dargebracht hat, beweist, wie töricht solche Gedanken sind. Warum hat er so gebetet, und warum hat er laut gebetet? Es gibt nur eine Antwort: Er machte sich Sorgen um seine Jünger. Er mußte sie verlassen. Er würde nicht länger im Fleisch bei ihnen sein, und er erinnerte seinen Vater in seinem Gebet an das, was er für sie getan hatte, während er mit ihnen zusammen war. «Ich bin nicht mehr in der Welt; sie aber sind in der Welt, und ich komme zu dir ...» (Vers 11). Er macht dem Vater seinen Wunsch für sie bekannt. Sein Wunsch für sie ist, daß sie zu solch einer Erkenntnis hinsichtlich ihrer Beziehung zu Gott kommen, damit sie trotz der Tatsache, daß er sie verlassen und die Welt sie hassen und verfolgen wird, nicht schwankend werden.

Niemals hat es eine bessere praktische Anschauung gegeben, denn gerade das Verständnis des Heilsplans und das Wissen über unsere Beziehung zu Gott ist die einzige, grundlegende Macht, Hoffnung und Tröstung, die das christliche Evangelium dem Menschen in dieser Welt bietet. In der Praxis gibt es daran überhaupt keinen Zweifel. In den vielen Jahren des Dienstes und als Pastor habe ich beobachtet, daß die meisten Probleme und Schwierigkeiten im allgemeinen daher rühren, daß die Menschen diese großartige Lehre nicht begriffen haben. Wie wir schon gesehen haben, ist es unsere Ichbezogenheit, die für unsere Schwierigkeiten verantwortlich ist. Wir schauen zu sehr auf uns. Aber sobald sich jemand als Teil dieses großen Planes erkennt, sind die meisten seiner Probleme fast automatisch gelöst.

Nachdem wir festgestellt haben, daß der Heilsplan den Charakter Gottes offenbart, möchte ich meine nächste Behauptung aufstellen: die Erlösung ist etwas, was ausschließlich von Gott geplant wurde. Dies kommt in den folgenden Worten zum Ausdruck: «Denn du hast ihm Macht gegeben über alle Menschen, damit er das ewige Leben gebe ... Ich habe ... das Werk vollendet, das du mir gegeben hast, daß ich es tun sollte.» Diesen Punkt müssen wir zuallererst erfassen. Die Erlösung ist ganz und gar eine Idee Gottes. Sie stammt von Gott. Sie hat ihren Ursprung und Anfang bei Gott, dem Vater. Was für ein überwältigender Gedanke! Wie oft denken wir, wir müßten Gott wegen der Sünde, der Sünde in uns, der Sünde in unseren Gedanken und der Sünde in dieser Welt, besänftigen. Allzuleicht meinen wir, Gott sei uns gegenüber feindlich eingestellt, er sei unser Gegner, und wir müßten ihn beschwichtigen und besänftigen. Wir denken, er wolle gar nicht freundlich und gnädig sein und uns nicht liebhaben. Wir meinen, er sei weit fort in seiner ewigen Herrlichkeit und absoluten Gerechtigkeit und uns nicht wohlgesonnen. Darum haben wir das Gefühl, wir müßten uns selbst anstrengen, damit er wohlwollend auf uns blickt.

Doch das ist ein völliger Trugschluß. Die Erlösung hat ihren Ursprung in Gott — sie ist Gottes eigene Absicht. Ich gehe sogar so weit zu sagen, daß selbst der Herr Jesus Christus Gott nicht besänftigen muß. Manchmal können unsere Lieder uns zu der gefährlichen Annahme verleiten, der Sohn Gottes müsse zum Vater flehen, damit er mit uns Erbarmen und Mitleid hat. Aber dies ist ein großes Mißverständnis des Begriffes «Fürsprecher» und der biblischen Lehre absolut fremd. «Gott war in Christus und versöhnte die Welt mit sich selber und rechnete ihnen ihre Sünden nicht zu ...» (2. Kor. 5,19); und «also hat Gott die Welt geliebt, daß er seinen eingeborenen Sohn gab ...» (Joh. 3,16). Es kommt alles von Gott. Diese Vorstellung, der Herr Jesus Christus müsse sich große Mühe geben, um Gott den Vater zu überreden, uns zu vergeben und anzunehmen, ist gänzlich unbiblisch und vollkommen falsch. Der Ursprung der Erlösung ist das große und ewige Herz Gottes.

Wir gehen noch einen Schritt weiter. Die Erlösung ist nicht nur Gottes Idee, sondern wir sehen auch, daß alles von Anfang bis Ende perfekt geplant wurde. Wir gelangen jetzt zu der

Quelle der tiefsten Gewißheit und des tiefsten Trostes, die der Christ in dieser zeitlichen Welt kennen darf. Was kann tröstlicher und beruhigender sein als die Tatsache, daß die Erlösung nichts Zufälliges und daß sie nicht verbesserungsbedürftig ist? Sie ist ein vollkommener Plan. Gott hat sie von Ewigkeit her, vor Grundlegung der Welt, geplant. In seinen Gedanken besteht sie von Ewigkeit her. Deshalb ist in der Erlösung nichts zufällig. Sie bedarf keiner Abänderung oder Verbesserung. Auch an diesem Punkt hat es viele gegeben, die abgewichen sind. Da sind jene, die glauben und sogar lehren, Gott habe seinen Sohn in diese Welt gesandt, um ein Reich zu gründen und aufzurichten, aber weil die Juden ihn verwarfen, habe Gott seinen Plan ändern müssen. Er mußte sich diesen Weg der Erlösung ausdenken; so wurde die Gemeinde ins Leben gerufen, und irgendwann in der Zukunft wird dann einmal das Reich aufgerichtet werden. Sie glauben, dies alles sei eine Abänderung von Gottes ursprünglichem Plan. Aber für diese Theorie findet sich in der Heiligen Schrift nicht die leiseste Begründung. Im Gegenteil, die Bibel lehrt, daß der Plan schon vor Grundlegung der Welt, ehe auch nur ein einziger Mensch geboren war, feststand. Die Bestätigung finden wir in diesen Versen: «Vater, die Stunde ist da.» Welche Stunde? Die Stunde, die Gott bestimmt hatte. In diesem einen Wort – «die Stunde» – erkennen wir schon die ganze Absicht des Erlösungsplanes. Wir werden noch darauf zurückkommen. Im Moment halten wir nur fest, daß der Plan Gottes absolut vollkommen ist und schon vollkommen war, bevor die Welt geschaffen wurde.

Der Plan war da, aber er ist Stück für Stück offenbart worden. Die Bibel bezeugt ausdrücklich, daß alles immer genau zur rechten Zeit geschieht und auch nicht eine Sekunde oder einen Augenblick zu spät. Jeder Aspekt ist festgelegt, alles geschieht zum gegebenen Augenblick. Die Verheißung am Anfang wurde zum richtigen Zeitpunkt gegeben, die Sintflut kam zu einer bestimmten Zeit, und der Menschheit wurde die Warnung gegeben: «Mein Geist soll nicht immerdar im Menschen walten» (1. Mose 6,3). Es wird ein Ende geben. Es wird eine Zeit kommen, in der Gott die Welt richten wird. Dafür hat er eine Zeit festgesetzt. Die Berufung Abrahams war nichts Zufälliges, sie geschah zu einem bestimmten Zeitpunkt. Abraham wurde gesagt, daß bestimmte Dinge nicht geschehen würden, bis die Schuld der Amoriter voll sei. Die Reise nach Ägypten war nicht zufällig, sondern vorhergesagt, und Abraham war genau mitgeteilt worden, wie lange sie dort sein würden — 430 Jahre —, bevor es überhaupt geschah. Alle diese Dinge waren geplant, denn Gott hat seine Zeit, Gott hat seine genaue Zeit.

Kommen wir zu Mose, dem die Verheißung genau zu der Zeit gemacht wurde, in der sie notwendig war. Einem David wurde die Verheißung zu seiner Zeit gegeben. Auch in den Schriften der Propheten finden wir entsprechende Aussagen. Sie sagen die Dinge mit einer Genauigkeit und Richtigkeit voraus, die den natürlichen Menschen in Erstaunen versetzt. Aber wenn wir uns darüber klar werden, daß Gott es war, der diesen großen Plan in Ewigkeit festgelegt hat — daß alles vorbestimmt und geplant war, damit diese Dinge geschehen können —, dann gibt es gar keine Schwierigkeiten mehr. Überall in der Heiligen Schrift finden wir die Bestätigung, zum Beispiel in dem bekannten Vers im Brief des Paulus an die Galater: «Als aber die Zeit erfüllt war, sandte Gott seinen Sohn, geboren von einer Frau und unter das Gesetz getan» (Gal. 4,4).

Oft fragen die Menschen: «Warum ist Christus nicht früher gekommen? Warum ist er gerade zu diesem Zeitpunkt gekommen?» Obwohl wir diese Frage nicht im einzelnen beantworten können, läßt sich doch sagen, daß es viele Gründe gab, warum es die richtige Zeit war. Gott hatte seinem Volk sein Gesetz gegeben. Die Menschen wollen immer beweisen, daß sie sich selbst retten können. Deshalb gab Gott ihnen Zeit zu erkennen und zu verstehen, daß ihnen das nicht möglich ist. Er gab ihnen ein vollkommenes Gesetz und sagte: «Wenn ihr dieses Gesetz haltet, werdet ihr errettet; dann seid ihr in meinen Augen gerecht.» Er gab ihnen vierzehn Jahrhunderte Zeit, um das Gesetz zu halten, aber sie versagten auf der ganzen Linie. Er ließ die ganze Reihe der griechischen Philosophen auftreten und ihre Gedanken vortragen. Die Menschen sagten: «Gebt uns die richtige Idee, und wir werden sie ausführen.» Sie versuchten es, aber sie versagten. Dasselbe geschah mit den Römern und ihrem Rechtssystem. Bevor Gottes Stunde, die von Ewigkeit her geplante Stunde, kam, hatte der Mensch alles versucht, und alles war mißlungen.

Ich empfehle jedem, sich einmal folgendes vorzunehmen. Versuchen Sie sich einmal beim Lesen des Alten Testaments in die Lage des Volkes Israel zu versetzen. Wie oft gewinnen wir dabei den Eindruck, Gott habe sein eigenes Volk und seinen Erlösungsplan vergessen. Doch jedesmal, wenn wir das denken und meinen, der Feind triumphiere, greift Gott plötzlich ein, und zwar nicht nur im richtigen Moment, sondern er tut auch genau das, was jetzt nötig ist. So ist es immer — und es gibt keinen tröstlicheren Gedanken als diesen: «Der Herr ist König; des freue sich das Erdreich»; «Der Herr ist König, darum zittern die Völker» (Ps. 97,1; 99,1). Wir müssen es begreifen, daß der ganze Plan schon von Gott entworfen war. Deshalb konnte der Sohn Gottes sagen: «Vater, die Stunde ist da», die Stunde, über die wir uns geeinigt haben, ist jetzt gekommen. Er hatte seine Jünger sowohl in Johannes 12 als auch schon vorher auf der Hochzeit zu Kana darauf vorbereitet. Damals sagte er: «Meine Stunde ist noch nicht gekommen.» Also war die Zeit vorbestimmt und geplant.

Aber Gott sei Dank hat es damit nicht aufgehört, denn auch das Ende ist gleichermaßen geplant und gewiß. So viele Christen haben heute ihre Fragen. Warum erlaubt Gott, daß die

Gemeinde dahinsiecht? Warum läßt er es zu, daß bestimmte Dinge in der Gemeinde passieren? Warum erlaubt er diese liberale Kritik an der Bibel, die jetzt schon seit hundert Jahren praktiziert wird? Warum macht er dem allem nicht ein Ende? Nun, das wäre nicht sein Stil, aber über eines können wir uns sicher sein — Gott regiert! Gott sitzt noch immer auf seinem himmlischen Thron und schaut auf die Bewohner der Erde hinab, als wären sie Grashüpfer. Was er beschlossen hat, wird ausgeführt werden. Die Stunde und das Ende der Geschichte und der Welt sind festgesetzt. Gott kennt sie. Niemand sonst kennt diese Stunde, sagt Christus, kein Mensch, und nicht einmal der Sohn, sondern nur der Vater. Und wenn dich dies nicht tröstet und ermutigt, dann zweifle ich, ob du überhaupt ein Christ bist. Der Trost der herrlichen biblischen Verheißung, daß weder Tod noch Leben, noch sonst irgend etwas uns von der Liebe Gottes trennen können, beruht auf der Tatsache, daß alles in Gottes Gedanken beschlossen und geplant ist, der das Ende vom Anfang her sieht und dessen Macht sich niemand widersetzen kann. Er kann einen Menschen wie den Pharao nehmen und wie Ton behandeln, um ihn für die Ausführung seines eigenen großen Zieles zu benutzen.

Ich werde jetzt etwas tun, was einigen etwas seltsam vorkommen mag. Ich möchte Sie bitten, mit mir einen Blick in die Ratssitzung, in diese wunderbare Ratssitzung zwischen dem Vater, dem Sohn und dem Heiligen Geist zu werfen, die vor Ewigkeiten gehalten wurde. Worum ging es da? Es ging um diese außerordentliche Frage der Erlösung. Dem Sohn, der zweiten Person der Dreieinigkeit, wurde eine Aufgabe zugeteilt; er wurde zum Erben aller Dinge ernannt. Seht, wie er hier in unseren Versen seinen Vater an diese ewige Ratssitzung erinnert: «Denn du hast ihm Macht gegeben über alle Menschen, damit er das ewige Leben gebe allen, die du ihm gegeben hast ...» Wir wollen diese Dinge mit Bewunderung und Staunen betrachten und uns daran erinnern, daß wir auch jetzt in gewissem Sinne noch immer an uns denken, denn dieser Rat wurde ja wegen uns gehalten.

Er betrachtete den Menschen und die Welt, die Sünde und den Fall des Menschen und entschied, welche Schritte unternommen werden sollten. Die erste große Entscheidung war, daß die Angelegenheit dem Sohn übergeben werden sollte. Es war Gottes Absicht, so sagt Paulus in Epheser 1,10, daß es ausgeführt wurde, «wenn die Zeit erfüllt wäre» — hier sehen wir wieder das Zeitelement —, «daß alles zusammengefaßt würde in Christus, was im Himmel und auf Erden ist.» In anderen Worten, in diesem Rat wurde der Herr Jesus Christus zum Haupt der Menschheit ernannt. Er wurde für die Welt verantwortlich gemacht, eine Art Haupt und Vertreter der ganzen Erde und deren Bewohner. Er selbst hat uns dies am Ende seines Erdenlebens, nach seiner Auferstehung, mitgeteilt, als er zu seinen Jüngern sagte: «Mir ist gegeben alle Gewalt im Himmel und auf Erden» (Matth. 28,18).

Dies ist ein ganz wesentlicher Grundsatz, den wir verstehen sollten und der auf viele Stellen des Alten Testaments, die uns sonst unverständlich bleiben, ein helles Licht wirft. Nehmen wir zum Beispiel die Erscheinungen des sogenannten «Engels des Herrn». Es kann überhaupt keinen Zweifel geben, daß darin der Herr Jesus Christus selbst erschien. Schon damals hatte er Interesse an der Welt; ihm war ja alles gegeben worden, und deshalb wurde in ihm und durch ihn die Welt geschaffen. Er ist der Eine in Ewigkeit, dem diese besondere Aufgabe übertragen wurde. Das ist auch die Erklärung für die Vision des Johannes in Offenbarung 5. Johannes war verblüfft, daß niemand groß oder stark genug ist, um die Bücher zu öffnen — die Bücher der Geschichte —, dann sieht er plötzlich den Löwen aus dem Stamm Juda vortreten, und der ganze Himmel scheint zu applaudieren. Es gibt jemanden, der stark genug ist, die ganze Verantwortung der Geschichte auf sich zu nehmen, die Siegel zu brechen und die Bücher zu öffnen. Er ist der Herr der Geschichte, ja, sie ist ihm schon gegeben worden, und sie gehört ihm.

Alles, was mit dieser Welt und mit den Menschen zu tun hat, ist also dem Herrn Jesus Christus übertragen. Ihm wurde die Autorität gegeben, die Macht über alles Fleisch. Er lenkt, regiert und beherrscht die ganze Erde — die Sonne, den Mond und die Sterne, die Flüsse und die Ströme. Er sendet den Regen und die Gewitterstürme oder hält sie zurück. Er kann ein Erdbeben hervorrufen. Er hat alles in seiner Hand, denn alles ist in seine Hände gelegt. Er ist der Herrscher der Welt. Er hat den Befehl über das Reich, und das bis zum Ende. Dann wird er laut Paulus in 1. Korinther 15 das Werk schließlich vollenden und das Reich seinem Vater zurückgeben.

Aber Gott hat in diesem ewigen Rat nicht nur die Welt und alle Macht dem Sohn übergeben, sondern auch ein Volk. Ich frage mich, wie oft wir wohl über den zweiten Vers dieses Kapitels im Johannesevangelium nachgedacht haben. Wie oft haben wir mit dieser gewaltigen Lehre gerungen? Und was ist dabei herausgekommen? «Denn du hast ihm Macht gegeben über alle Menschen, damit er das ewige Leben gebe allen, die du ihm gegeben hast ...» Sagt er: «Denn du hast ihm Macht gegeben über alle Menschen, damit er das ewige Leben gebe allen Menschen ...»? Nein — «damit er das ewige Leben gebe *allen, die du ihm gegeben hast.*» In einem einzigen Vers finden wir sowohl die universale als auch die eingeschränkte Seite. Dies ist in der Tat eine Lehre, so tiefgründig, daß kein Mensch sie verstehen kann, aber so hoch und herrlich, daß jeder Mensch, der Christi Gesinnung in sich trägt, sich in demütiger Ehrfurcht und in Erstaunen und Bewunderung vor ihr beugt.

Die Schrift lehrt, daß, während Gott seinem Sohn Macht über alles Fleisch gegeben hat, und das ohne Einschränkung, er ihm insbesondere ein Volk gab, das sich der Segnungen der Erlösung und des ewigen Lebens erfreuen soll. Er soll jenen ewiges Leben geben, die Gott der Vater ihm gegeben hat, und ich betone hier, daß es Gott der Vater ist, der ihm diese Menschen gibt. Er hat sie ihm von Anfang bis Ende gegeben. Jeder einzelne wurde dort in dem ewigen Rat dem Sohn übergeben. Es ist Gott, der sie auserwählt, und nach Johannes 6 ist es auch Gott, der sie zu ihm zieht. Jesus sagt, daß sie nie zu ihm kommen werden, wenn Gott sie nicht zu ihm zieht. «Alles, was mir mein Vater gibt, das kommt zu mir; und wer zu mir kommt, den werde ich nicht hinausstoßen. ... Denn das ist der Wille meines Vaters, daß, wer den Sohn sieht und glaubt an ihn, das ewige Leben habe; und ich werde ihn auferwecken am Jüngsten Tage» (Joh. 6,37.40).

Dieser Gedanke durchzieht die ganze Heilige Schrift. Vor Erschaffung der Welt hat Gott diese Menschen auserwählt. Er gibt seinem Sohn dieses Volk und sagt: Ich gebe sie dir, damit du sie für mich erlöst. «Die du ihm gegeben hast» war also eine weitere Entscheidung dieses großen und ewigen Rates.

Und nicht nur das, Gott der Vater sagt seinem Sohn auch, was er tun muß, um diese Menschen zu erlösen. Der Herr sagt: «Ich habe dich verherrlicht auf Erden und das Werk vollendet, das du mir gegeben hast, damit ich es tue.» Darauf werde ich später noch einmal zurückkommen. Hier möchte ich nur betonen, daß das Werk der Erlösung dieser Menschen dem Sohn vom Vater übertragen wurde. Deshalb finden wir unseren Herrn beständig sagen, daß er nichts aus sich selber tut. Er sagt in anderen Worten: «Ich tue nur das Werk, das der Vater mir gezeigt und zu tun aufgetragen hat.» Es kommt alles von Gott dem Vater, der seinen Sohn in die Welt sendet, um das Werk auszuführen — und um dann dem Vater die Herrlichkeit zurückzugeben, die er mit ihm teilte, bevor er gesandt wurde. Aber es war Gott der Vater, der ihn sandte, denn «also hat Gott die Welt geliebt, daß er seinen eingeborenen Sohn gab» — seinen Sohn, mit der Macht zu erlösen. Und ich möchte nochmals daran erinnern, daß es seine Absicht war, daß du und ich Kinder Gottes werden können; daß wir dieses ewige Leben erlangen und Gott erkennen, den einzig wahren und lebendigen Gott und Jesus Christus, den er in die Welt gesandt hat, um uns diese Erkenntnis zu bringen.

Meine lieben Freunde, machen wir uns nicht schuldig, wenn wir diese herrliche Lehre von der Herrlichkeit Gottes und seinem Heilsplan in Ewigkeit vernachlässigen? Evangelische Christen, wie oft habt ihr über diese Dinge nachgedacht? Meint ihr nicht auch, daß wir uns schuldig machen, wenn wir bestimmte Aspekte der Erlösung kritisieren, anstatt diesen wunderbaren Plan zu betrachten? Deshalb sind wir so oberflächlich und schwankend in unserem Glauben, wenn der Feind kommt, um uns zu versuchen. Unser Glaube ist nicht fest genug gegründet — wir müssen zurück in die Ewigkeit gehen.

Ich will zusammenfassen: Der ewige Gott kennt uns, er ist an uns interessiert und hat einen Plan für uns. Wem das nicht genug ist, dem ist nicht zu helfen! Ist es nicht erstaunlich, daß der ewige und absolute Gott mich kennt, daß er vor Erschaffung der Welt an mich dachte, nicht nur bevor ich geboren wurde, sondern sogar bevor er die Welt schuf; daß dieses ewige, absolute Wesen an mir interessiert ist, an mir als Individuum und als Person, und daß ich in seinen Gedanken war, als er diesen bewundernswerten Plan aufstellte, der die Menschwerdung und das Kreuz, die Auferstehung und die Himmelfahrt umfaßt und die Herrschaft seines Sohnes an seiner Seite, die wir jetzt erleben. Ja, was für ein umwerfender und doch herrlicher Gedanke!

Als nächstes folgere ich, daß es im Blick auf mein Angenommensein bei Gott keine Ungewißheit gibt, auch nicht im Blick auf die Vergebung meiner Schuld und meine Kindschaft. Wenn ich erkenne, daß ich ein Teil von Gottes Plan bin, dann gibt es nichts, was dies zunichte machen könnte. Es gibt viele Leute, die über den Einfluß der Reformation auf die Welt reden. Manche Staatsmänner tun dies. Sie sagen, die Geschichte Englands sei nicht ohne die protestantische Reformation zu erklären. Auch die Vereinigten Staaten von Amerika seien nicht ohne dieses Ereignis zu verstehen. Aber wie wenig haben diese Leute wirklich von ihrer Bedeutung erkannt, von ihrer absoluten Wahrheit! Wer weiß denn, warum die Pilgerväter den Atlantik überquerten? Was macht den Menschen fähig, solche und noch gefährlichere Dinge zu tun? Sie glaubten an das «Bleiben in der Gnade»; sie hatten sich als Teil des Planes Gottes erkannt, der nicht zunichte gemacht werden kann. Er ist so absolut wie Gott selbst; er kennt sowohl das Ende als auch den Anfang. «Niemand wird sie aus meiner Hand reißen», sagt Christus.

Wenn Gott nun all dies für uns in Christus getan hat, und besonders in seinem Tod, dann können wir sicher sein, daß er das Werk weiterführen wird, bis es vollendet ist. So argumentiert auch Paulus: «Welcher auch seinen eigenen Sohn nicht verschont hat, sondern hat ihn für uns alle dahingegeben — wie sollte er uns mit ihm nicht alles schenken?» (Röm. 8,32). «Denn wenn wir mit Gott versöhnt worden sind durch den Tod seines Sohnes, als wir noch Feinde waren, um wieviel mehr werden wir selig werden durch sein Leben, nachdem wir nun versöhnt sind» (Röm. 5,10). Ich will es folgendermaßen ausdrücken: Gott, der so um mich besorgt ist, daß er seinen Sohn sendet, um für mich am Kreuz von Golgatha zu sterben, wird mich nicht fallenlassen, wenn irgendeine Schwierigkeit oder Versuchung auf mich zukommt! Meine lieben Freunde, es gibt für euch nichts zu befürchten! Ihr gehört dem Einen, von dem gesagt ist, daß ihm alle Macht über alles Fleisch gegeben wurde. Ihr befindet euch in den Händen des Herrn Jesus Christus! Wenn ihr dies nur erkennen und begreifen würdet! Er ist der Herr über alles. Er beherrscht jedes menschliche Wesen, alle Angelegenheiten der Natur und sogar den Teufel selbst. Ihm ist alle Gewalt gegeben; Throne, Herrschaften, Mächte und Gewalten sind ihm untertan. Ihr habt wirklich nichts zu befürchten! Du und ich, wir müssen uns nur darüber klar werden, daß wir uns in diesen mächtigen Händen befinden, daß dieser starke Arm zu unseren Gunsten eingesetzt ist, daß alles Fleisch unter seiner Macht steht und daß alle Herrschaft im Himmel und auf Erden ihm gegeben worden ist.

Auch wenn wir verwirrt und verunsichert sind, wenn sich alles gegen uns zu stellen scheint und wir verzweifeln wollen, wenn wir dann zu ihm beten, dürfen wir uns an seine Autorität und an seine Macht erinnern, bevor wir ein Wort sagen: «Denn du hast ihm Macht gegeben über alle Menschen ...» Er, der uns geschaffen hat, hat die Macht dazu — warum sollten wir uns vor Menschen oder Tieren, den Mächten der Natur oder der Hölle fürchten, wo wir uns doch in sicheren Händen befinden? Vertrauen wir ihm doch. Er hat uns so geliebt, daß er für uns gestorben ist, und seine Macht ist unbestreitbar.

Kapitel fünf

Jesus Christus, Herr der Herrlichkeit

Johannes 17,1-5

Wie Gott in seinem ewigen Rat unsere Erlösung plante und für dieses Werk seinen Sohn aussonderte, haben wir in den vorangegangenen Kapiteln betrachtet. Es ist immer wieder beeindruckend, daß die Betonung auf *Gottes Herrlichkeit* liegt. Die Herrlichkeit des Vaters haben wir schon erkannt. Nun wollen wir die Herrlichkeit des Sohnes bedenken.

In fünf knappen Versen wird die ganze Reichweite der Erlösung von Herrlichkeit zu Herrlichkeit vor uns entfaltet. Das bringt nicht nur unser Denken, sondern auch unser gesamtes Vorstellungsvermögen ins Schwanken. Deshalb wollen wir uns einem Thema wie diesem mit einem Gefühl der Ehrfurcht, der Bewunderung und des Staunens nähern.

Sollten wir nicht ehrlich zugeben, daß einer der größten Mängel, wenn nicht sogar der größte, unserer modernen Christenheit — und ich spreche nicht nur von der Gemeinde im allgemeinen, sondern auch von vielen unter uns, die behaupten, Christen zu sein — das Fehlen eines solchen Gefühls des Staunens, der Bewunderung und Anbetung im Ausleben unseres christlichen Glaubens ist? Dabei habe ich keinen Zweifel, daß dies zum größten Teil damit erklärt werden kann, daß wir zu subjektiv sind. Das sagte ich schon am Anfang unserer Betrachtung und möchte es immer wiederholen, denn mir scheint, daß dies eine der großen Lektionen ist, die wir besonders in der heutigen Zeit zu lernen haben. Wir sind alle zu sehr an unseren Launen und unserem Verstand interessiert; wir sind alle zu psychologisch und ichbezogen und deshalb zu sehr um die Vorteile besorgt, die das christliche Evangelium und die Erlösung uns bieten. Die Folge ist, daß wir etwas von der großartigen Herrlichkeit des Evangeliums verpassen, wie sie sich im Neuen Testament entfaltet. Das kommt sehr klar zum Ausdruck, wenn wir einander einmal aufmerksam zuhören. Habt ihr nicht auch schon die Tendenz bemerkt, nur von uns selbst zu sprechen? «Zeugnis geben» bedeutet heute im allgemeinen, zu erzählen, was wir erlebt haben oder was uns geschehen ist. Wie selten dagegen sprechen wir von Ihm!

Das ist ein wirklicher Mangel und eine Not in unserem Leben. Wenn wir aus dem Leben frommer Männer und Frauen lesen, die vor uns durch diese Welt gegangen sind, erfahren wir, daß sie die meiste Zeit damit verbrachten, miteinander über Jesus Christus zu reden. Ihr Zeugnis war ein Zeugnis ihm gegenüber und zu seinem Lobe. Sie sprachen ständig von diesem wunderbaren Christus und seiner Herrlichkeit. Wir dagegen neigen dazu, von uns selbst zu reden, von den Dingen, die wir erkannt, von dem Glück, das wir entdeckt, oder den Erfahrungen, die wir gemacht haben. Seien wir doch ehrlich, und geben wir zu, daß die Betonung mehr oder weniger immer auf *uns* liegt!

Wir sind in der Tat sehr weit von dem abgewichen, was auf die Heiligen früherer Tage zutraf. Nehmen wir doch einmal ein Gesangbuch und lesen wir die großartigen Loblieder, besonders vielleicht jene, die vor der Mitte des letzten Jahrhunderts geschrieben wurden (es scheint, als habe der Individualismus etwa in jener Zeit eingesetzt). Isaac Watts oder andere, sie alle besaßen noch diese wunderbare Objektivität. Ja, sie freuten sich über ihre Erfahrungen, aber in ihren Liedern tritt immer wieder der Lobpreis des Herrn hervor. Sie verherrlichten ihn.

Mit Isaac Watts beschauten sie das wundersame Kreuz, an dem der Fürst der Herrlichkeit starb. Darum ging es ihnen. Sie verbrachten ihre Zeit in Anbetung, Bewunderung und der Verherrlichung seiner Person.

Ich bin überzeugt, daß es keine echte Hoffnung auf Belebung und wahre Erweckung gibt, es sei denn, wir besitzen den gleichen Geist der Anbetung. Um ihn zu erlangen, müssen wir uns Zeit nehmen, die Heilige Schrift zu studieren und über sie nachzudenken, und uns dann in Anbetung und Bewunderung vor solch einer wunderbaren Wahrheit demütigen. Dies soll keine Theorie bleiben. Ich bin sehr darauf bedacht, extrem praktisch zu sein. Die eigentliche Heilung geschieht dann, wenn wir von der Schönheit und Herrlichkeit Christi so hingerissen sind, daß wir uns selbst vergessen und gar keine Zeit mehr haben, über uns selbst nachzudenken. Nun, dies ist ein tüchtiges Stück Psychologie. Das Problem mit unserer Generation ist (*laßt uns jetzt nicht zu hart mit uns sein!*), daß wir in einer sehr schwierigen Zeit leben! Wir sehen uns Problemen gegenüber, wie sie sich der Menschheit in solch akuter Form kaum je gestellt haben, und in solchen Zeiten liegt es immer nahe, sich krankhaft mit sich selbst zu beschäftigen. Wir leben ein so lächerliches Leben, daß unsere Nerven müde und strapaziert sind. Das Ergebnis ist, daß wir uns alle nur um uns selbst drehen. Wie können wir uns davon freimachen? Der beste Weg ist, von etwas so in Anspruch genommen zu werden, das so herrlich und wunderbar ist, daß wir, ohne es zu bemerken, uns selbst darüber ganz vergessen. Das geschieht, wenn man eine schöne Landschaft betrachtet oder sich verliebt. Schaut in das Angesicht Jesu Christi, erhascht etwas von seiner Herrlichkeit, und ich versichere euch, daß «Mumps und Masern der Seele», jedenfalls zum größten Teil, automatisch geheilt sind. Ihr werdet euch geistig, geistlich und auch psychologisch gesund erleben.

Aber noch viel wichtiger als dies ist die Tatsache, daß Gott dafür gesorgt hat, daß diese heiligen Wahrheiten niedergeschrieben wurden, damit wir etwas von dieser großen Erlösung wissen können. Ich frage mich, ob wir modernen Christen die Bedeutung der Erlösung so verstehen, wie wir es sollten. Wenn nicht, dann wird es Zeit, etwas über die Größe der Herrlichkeit der Person unseres Herrn und Heilandes Jesus Christus zu lernen. Daran messen wir die Bedeutung der Erlösung, und nicht einfach an etwas, was wir erfahren. Laßt uns davon loskommen! Denn wenn wir unsere Erlösung an dem messen, was in unserem Leben geschieht, dann haben wir den Anhängern der Christian Science oder den Psychologen keine Antwort zu geben. Wenn wir die Erlösung zu einer subjektiven Angelegenheit machen, befinden wir uns noch in der Vergangenheit. Nein, die Größe dieser Erlösung zu messen besteht im wesentlichen darin, auf die Größe der Person und ihrer Herrlichkeit zu schauen und etwas von dem zu begreifen, was sie getan hat.

Genau das wird uns in diesen Versen klargemacht. Am Ende seines irdischen Lebens sagt Jesus: «Und nun, Vater, verherrliche du mich bei dir mit der Herrlichkeit, die ich bei dir hatte, ehe die Welt war» (Vers 5). Das ist der Ausgangspunkt. Versucht einfach, über unseren Herrn nachzudenken, bevor er auf die Erde kam. Beginnt nicht mit dem Baby in Bethlehem; das war nicht der Anfang seines Lebens. Er kam in diese Welt; er wurde nicht wie jeder andere in diese Welt geboren. Er kam aus der Herrlichkeit. Er trat aus einer anderen in diese Welt hinein. Was er hier sagt, wird in der Heiligen Schrift überall gesagt — daß er von der ewigen Herrlichkeit der Gottheit kam. Er war Teil der grundlegenden Herrlichkeit des ewigen Gottes von Ewigkeit her — «verherrliche du mich bei dir mit der Herrlichkeit, die ich bei dir hatte, ehe die Welt war.»

Das übersteigt unseren Verstand und unser Vorstellungsvermögen. Aber es ist die Lehre der Heiligen Schrift: der ewige dreieinige Gott, der Vater, Sohn und Heilige Geist — und dieser Gottessohn, die zweite Person der Dreieinigkeit, ist an der Fülle dieser Herrlichkeit beteiligt. Der Schreiber des Hebräerbriefes drückt es so aus: «Er ist der Abglanz seiner Herrlichkeit und das Ebenbild seines Wesens» — eine Beschreibung des Herrn Jesus Christus. Er ist der Glanz der Herrlichkeit des Vaters, das Ebenbild seiner Person. In Philipper 2 spricht Paulus von derselben Wahrheit, wenn er sagt: «Er, der in göttlicher Gestalt war, hielt es nicht für einen Raub, Gott gleich zu sein.» Er hat Leben in sich selbst und ist dem Vater ebenbürtig. Er ist der ewige Sohn in dem ewigen Schoß des Vaters. Er ist eins mit Gott. «Im Anfang war das Wort, und das Wort war bei Gott, und Gott war das Wort» — genauso ist es. Er teilte die Fülle der unbeschreiblichen, unsagbaren Herrlichkeit der ewigen Gottheit.

Der nächste Schritt liegt klar auf der Hand: Er betet, daß Gott der Vater ihn wieder mit der Herrlichkeit ausstattet, die er bei ihm besaß, bevor die Welt bestand. Daraus schließen wir, daß irgend etwas mit der Herrlichkeit geschehen ist. Genau dies ist die Lehre des Neuen Testamentes. Um Mensch zu werden, hatte er die ewige Herrlichkeit, die er beim Vater im Himmel besaß, abgelegt. Laßt uns hier vorsichtig vorgehen, damit wir ganz sicher sind, was wir sagen. Ich habe nicht gesagt, daß er seine Gottheit ablegte. Das hat er nicht getan. Was er ablegte, war die Herrlichkeit seiner Gottheit. Er hörte nicht auf, Gott zu sein, aber er hörte auf, die Herrlichkeit Gottes zu offenbaren. Um dies besser verstehen zu können, sollten wir uns ins Gedächtnis zurückrufen, was auf dem Berg der Verklärung geschah, als er vor den Augen von Petrus, Jakobus und Johannes verklärt wurde. Eine Art strahlender Glanz kam über ihn, welcher alles übertraf, was die Jünger je gesehen hatten. Oder denken wir an Saulus von Tarsus auf dem Wege nach

Damaskus. Er sah plötzlich ein Licht, welches heller als die Strahlen der Sonne war. Er sah es von einem Angesicht kommen — von dem Angesicht des verherrlichten Jesus von Nazareth (Apg. 9).

Vergleicht diese Herrlichkeit mit dem, was uns über ihn erzählt wird, als er hier auf Erden war. «Aber da war keine Gestalt, die uns gefallen hätte. Er war ... voller Schmerzen und Krankheit» (Jes. 53,2.3). Wer ihn sah, fragte sich: Wer ist er eigentlich? «Ist er nicht der Zimmermann, Marias Sohn?» (Markus 6,3). Er hatte seine Herrlichkeit abgelegt, nichts aber von seiner eigentlichen Person und Gottheit. Er hatte auch nicht krampfhaft an der Offenbarung seiner Herrlichkeit festgehalten. Er hatte seine Herrlichkeit abgelegt, wie man einen Mantel ablegt, und hatte Menschengestalt angenommen. Ich muß sogar noch einen Schritt weitergehen, denn dies ist das eigentliche Wunder. Er beschloß, daß seine Herrlichkeit durch das Fleisch verhüllt sein sollte. Mit anderen Worten: Die Herrlichkeit schien noch immer in all ihrer Macht, aber eine Decke des Fleisches bedeckte sie, damit die Menschheit sie nicht sehen konnte. Nehmen wir ein Beispiel aus dem Alten Testament. In der Wüste stieg Mose auf den Berg und redete mit Gott. Als er wieder herabkam, schien sein Angesicht so hell, daß er einen Schleier um sein Gesicht legen mußte; die Herrlichkeit war noch immer vorhanden, aber er mußte sie vor den anderen verbergen. Etwas Ähnliches geschah mit unserem Herrn. Ja, aber er kam nicht nur als ein Mensch. Auch ist es nicht ganz richtig zu sagen, daß seine Herrlichkeit durch das Fleisch verdeckt wurde oder daß der ewige Sohn Gottes Fleisch wurde. In Röm. 8,3 wird uns berichtet, daß er «in der Gestalt des sündigen Fleisches» kam. In der Tat, er «nahm Knechtsgestalt an» (Phil. 2,7). Es wäre schon wunderbar, wenn dieser ewige König und Fürst der Herrlichkeit auf die Erde gekommen wäre, um als menschlicher König mit all dem Prunk und all der Herrlichkeit eines irdischen Königs in einem Palast zu leben. Aber nein, er wurde als ein Baby in sehr ärmlichen Verhältnissen geboren. Maria und Josef hatten nicht einmal das Geld für eine gewöhnliche Opfergabe. Sie konnten sich nur zwei Turteltauben als Opfer leisten. Als Zimmermann mußte Jesus seinen Lebensunterhalt verdienen. Er hatte kein Heim, das er sein eigen nennen, und keinen Ort, an dem er sein Haupt niederlegen konnte. Er hatte Knechtsgestalt angenommen und wurde von den sogenannten Großen dieser Welt abgewiesen und verspottet. Er erniedrigte sich selbst. In gewissem Sinne besaß er die Herrlichkeit nicht mehr und bat seinen Vater, sie ihm wiederzugeben.

Wir wollen nun einen Blick darauf werfen, wie er durch sein irdisches Wirken den Vater verherrlichte. Er sagt: «Ich habe dich verherrlicht auf Erden.» Damit hat er gewissermaßen seine eigene Herrlichkeit, durch das Fleisch bedeckt, kundgetan. Er offenbarte den Vater einfach durch das, was er war. Bei anderer Gelegenheit sagt er: «Wer mich sieht, der sieht den Vater» (Joh. 14,9). Schaut ihn euch an, und ihr werdet etwas von dem herrlichen Gott, dem Vater selbst, erkennen. Ihr begegnet dem Blick des Mitleids, des Verstehens, der Bereitschaft, zu segnen und zu helfen.

Wenn wir nur den Vater sehen könnten, sagte Philippus. «Herr, zeige uns den Vater, und es genügt uns.» Aber der Herr drehte sich um zu ihm und sagte: «So lange bin ich bei euch, und du kennst mich nicht, Philippus? Wer mich sieht, der sieht den Vater ...» (Joh. 14,8-9). Mit anderen Worten: Er offenbarte den Vater und dessen Herrlichkeit in seinem Leben, in seinen Werken und in allem, was er war.

Dasselbe tut er natürlich auch in seiner Lehre. Niemand hatte je so von Gott gesprochen wie er. Die menschlichen Vorstellungen von Gott sind immer unvollständig und unvollkommen. Sogar die alttestamentliche Offenbarung war nicht genug. Gott hatte die Wahrheit über sich selbst stückweise hier und dort offenbart, aber erst durch das Senden seines Sohnes wurde sie vollkommen, endgültig und vollständig kundgetan. Der Schreiber des Hebräerbriefes drückt es folgendermaßen aus: «Nachdem Gott vorzeiten vielfach und auf vielerlei Weise geredet hat zu den Vätern durch die Propheten, hat er in diesen letzten Tagen zu uns geredet durch den Sohn ...» (Hebr. 1,1.2). In dieser wundervollen Person, dem gesegneten Herrn und Heiland Jesus Christus, ist alles vorhanden. Dies alles wird uns in seinen Lehren über den Vater deutlich gemacht.

«Ich habe ... das Werk vollendet, das du mir gegeben hast.» Welches Werk? Erstens hielt er das Gesetz. Gott hatte der Menschheit sein Gesetz gegeben und ihr geboten, es zu halten, um ihn dadurch zu verherrlichen. Das ist der eigentliche Sinn des Gesetzes. Es geht nicht darum, eine Anzahl Regeln und Richtlinien zu befolgen, dies zu tun und jenes zu lassen. Das eigentliche Ziel des Gesetzes Gottes besteht darin, der Menschheit zu zeigen, wie man Gott verherrlicht. Aber die Menschheit hat versagt, und darum war es die erste Aufgabe des Sohnes, das Gesetz zu ehren und damit Gott zu verherrlichen. Er tat es auf vollkommene Weise.

Ein weiterer Aspekt seines Wirkens bestand darin, ein vollkommener Hoherpriester für die Erlösten zu sein, die ihm Gott der Vater gegeben hatte. In Hebräer 5 wird uns etwas sehr Bemerkenswertes berichtet: «So hat er, obwohl er Gottes Sohn war, doch an dem, was er litt, Gehorsam gelernt.» Jesus Christus, der Herr der Herrlichkeit, mußte bestimmte Dinge lernen, bevor er ein vollkommener Hoherpriester werden und uns vor Gott vertreten konnte. Er kam in diese Welt, um für uns die Erlösung zu bewirken und unser Führer zu sein. Auf dieses Werk mußte er sich vorbereiten. Er mußte in allen Punkten versucht werden, damit er, wenn wir in Versuchung gelangen, uns zu Hilfe kommen und ein einfühlender und verständnisvoller Hoherpriester sein kann. Er ließ sich auf all dies ein und offenbarte dadurch nicht nur etwas von seiner eigenen Herrlichkeit, sondern auch die Herrlichkeit des Vaters, der diesen Erlösungsplan von Ewigkeit her aufgestellt hatte.

Wie bewundernswert! Oh, meine Freunde, wenn wir die Evangelien lesen, sollten wir uns immer daran erinnern. Schaut auf die Einzelheiten, schaut auf das Leben unseres Herrn Jesus Christus, und denkt daran, daß er der Herr der Herrlichkeit ist. Denkt daran, daß er der Eine ist, der Glanz der Herrlichkeit des Vaters, das Ebenbild seiner Person. Dann schaut ihn in der Krippe an oder auf dem Berg, wie er Hunger und Durst litt; der Herr der Herrlichkeit, der seine Herrlichkeit ablegte und in dieser Welt als Mensch lebte und vorbereitet wurde, unsere Erlösung zu schaffen.

Jetzt aber kommen wir zu einem der bemerkenswertesten Dinge überhaupt. Im ersten Vers lesen wir: «Vater, die Stunde ist da; verherrliche deinen Sohn, damit der Sohn dich verherrliche.» Ist dies die gleiche Bitte wie in Vers 5: «Und nun, Vater, verherrliche du mich mit der Herrlichkeit, die ich bei dir hatte, ehe die Welt war»?

Ich meine nicht. Die Bitte in Vers 1 bedeutet, daß die Stunde gekommen ist, um zu sterben und der größten aller Krisen gegenüberzutreten. Es war für Jesus etwas Gewaltiges, diese Herrlichkeit zu verlassen, als Baby geboren zu werden und menschliche Natur anzunehmen. Es war für den ewigen Sohn Gottes etwas Ungeheuerliches, im Leib einer Frau zu liegen. All seine Anfechtungen und Schwierigkeiten werden wir in diesem Leben nie begreifen und verstehen. Nun stand das Kreuz mit all seinen Folgen vor ihm. Während er jetzt als Mensch sein Leben lebt, betet er zu dem Vater: Vater, verherrliche deinen Sohn. Das bedeutet: Stärke mich, befähige mich, zu beweisen, daß ich dein Sohn bin. In Hebräer 5 wird uns berichtet, wie er mit lautem Schreien und Tränen Gott bittet, ihm zu helfen und ihn zu stärken. Auch wird uns gesagt, daß er aufgrund seiner Ehrfurcht und Gottesfurcht sowie seiner ernsten Frömmigkeit erhört wurde.

Dies bedeutet, daß ihm bewußt war, was ihm bevorstand, und daß der Moment gekommen war, in dem ihm die Sündenlast der Welt vom Vater auferlegt werden sollte. Er hatte die gewaltige Schuldenlast der ganzen Menschheit zu tragen, und das war ein erdrückender Gedanke. Würde seine menschliche Natur, so wie sie war, darunter zusammenbrechen? Konnte er die Bürde tragen? Konnte er den Gedanken ertragen, das Angesicht seines Vaters aus den Augen zu verlieren, während er für den Menschen zur Sünde gemacht wurde und die Sünde und Strafe des Menschen trug? Vater, sagt er im wesentlichen, stärke mich, halte mich, beweise der Welt, daß ich dein Sohn bin, und verherrliche deinen Sohn in dieser Welt. Und sein Gebet wurde erhört. Ja, er kam aus dem höchsten Himmel der Herrlichkeit und wurde als Mensch geboren, er wurde Fleisch und war in der Gestalt des sündigen Fleisches. Er nahm Knechtsgestalt an. Er ertrug die Anfeindungen der Sünder, die gegen ihn selbst gerichtet waren, und er «ward gehorsam bis zum Tode, ja zum Tode am Kreuz» (Philipper 2). Er wurde gekreuzigt und an ein Stück Holz genagelt. Es gibt keinen schlimmeren Tod.

Er bat den Vater, ihm Kraft zu geben, und der Vater erhörte sein Gebet. Er wurde verherrlicht und gestärkt, so daß er am Ende sagen konnte: «Es ist vollbracht.» Er hatte alles ertragen; es hatte ihn nicht zerstört. Der Körper war darunter nicht zusammengebrochen. Das Werk war vollendet. Er hatte alles erledigt. «Vater», sagte er, «ich befehle meinen Geist in deine Hände.»

Nun kommen wir zu der Bitte in Vers 5. Der Herr denkt noch immer über das nach, was ihm bevorsteht, und dies ist sein Gebet. Nachdem er alles getan hat, was ihm der Vater auftrug, fragt er: Ist jetzt nicht die Zeit gekommen, daß ich zu dir zurückkommen kann? Kann ich dahin kommen, wo ich vorher war? Ich habe das Werk vollendet. «Vater, verherrliche du mich mit der Herrlichkeit, die ich bei dir hatte, ehe die Welt war.» Das Erstaunliche ist aber, daß er als Gottmensch zurückgeht! In der Ewigkeit war er Gott, der Sohn, aber jetzt geht er als Gottmensch zurück. Und als solchem wird ihm die Herrlichkeit, die er auf die Bitte des Vaters hin einen Moment lang ablegte, wiedergegeben, und er teilt als Gottmensch und Mittler wieder diese unsagbare Herrlichkeit des ewigen Gottes.

Die Erhörung des Gebetes begann bei der Auferstehung. Dieses Ereignis überzeugte schließlich sogar die Jünger, daß er tatsächlich Gottes Sohn war. Vorher hatten sie das nicht ganz verstanden, aber unser Herr war, wie Paulus es in seinem Schreiben an die Römer ausdrückt, «nach dem Geist, der heiligt, eingesetzt als Sohn Gottes in Kraft durch die Auferstehung von den Toten ...» (Röm. 1,4). Wer ist der, der den Tod und das Grab besiegt hat? Es muß der Sohn Gottes sein. Es ist der Sohn Gottes. Denken wir an die Erscheinungen Jesu nach seiner Auferstehung. Die Jünger in Jerusalem hatten sich eingeschlossen, weil sie Angst vor den anderen Juden hatten, und plötzlich stand der Herr im Raum, ohne daß die Tür geöffnet worden war. Sie dachten, es sei ein Geist. Aber daß er kein Geist war, bewies er dadurch, daß er sie bat, ihm etwas zu essen zu geben. Also gaben sie ihm «ein Stück gebratenen Fisch». Mit anderen Worten: Seht, wer ich bin, ich habe Fleisch und Knochen, und ich kann essen — die verherrlichte Person dieses auferstandenen Herrn.

Ein noch deutlicheres Beispiel haben wir mit der Himmelfahrt. Viele beachten diesen Tag nicht mehr. Wir feiern Weihnachten,

Karfreitag und Ostern! Wir feiern Pfingsten, aber nicht Himmelfahrt. Dabei spielte gerade dieser Tag in Gottes Plan eine wesentliche Rolle. Die Jünger waren bei ihm auf dem Berg, als er in den Himmel auffuhr und seine Herrlichkeit dadurch noch einmal wunderbar offenbar machte. Bei der Ausgießung des Heiligen Geistes an Pfingsten offenbarte er sie sogar noch mehr. Dies ist ein weiterer Beweis, daß er der Sohn Gottes und der Messias ist. Und jetzt sitzt er zur Rechten Gottes in der Herrlichkeit und regiert, bis all seine Feinde zu seinen Füßen liegen.

Ich habe versucht, etwas von der Herrlichkeit sichtbar werden zu lassen, von der in diesen fünf Versen die Rede ist — von der Herrlichkeit hinunter zu den Tiefen des Kreuzes und der Hölle und wieder zurück durch die Himmelfahrt zu der unbeschreiblichen Herrlichkeit im Himmel. Aber warum hat er all dies getan? Ich kann mir vorstellen, daß jemand sagt: Mein verehrter Herr, das ist ja alles gut und schön. Wenn wir in einer bequemen Welt lebten und keine Arbeit, keine Sorgen und Probleme hätten, dann könnten wir all dies vielleicht ganz objektiv betrachten. Aber wir wollen etwas, was uns *jetzt* hilft, heute, in der Gegenwart. Haben Sie uns da nichts zu sagen?

Ich hoffe, daß jetzt, nachdem wir betrachtet haben, was der ewige Sohn Gottes für uns getan hat, damit wir vom Zorn Gottes und von der Hölle, von der Sünde und von uns selbst befreit werden, niemand solche Gedanken hegt. Er hat das alles getan, damit wir Söhne Gottes werden, damit wir unaussprechlich herrliche Freude erleben und den Heiligen Geist mit all seiner Macht und Stärke empfangen können. Wenn jemand denkt, dies sei nur Theorie und unerreichbar, dann hat er nichts von dem verstanden, was ich gesagt habe. Er hat keine Beziehung zu dem, was Christus getan hat.

Er hat dies alles getan, um schuldige Gefangene freizukaufen. Wenn wir erkennen, daß er es auch für uns getan hat, dann können wir mit Robert Robinson übereinstimmen, der folgende Worte schrieb: «Strömt dein Loblied heraus? Lobst du den Herrn Jesus Christus? Lobst du ihn vor anderen Menschen; sprichst du mit ihnen über ihn?» Die Menschen reden heute viel über jene, die sie mögen und bewundern. In den Zeitungen kann man lesen, wie sie Schauspieler und Schauspielerinnen, Politiker und andere Personen loben. Loben wir den Herrn Jesus Christus? Wenn wir es nicht tun, ist uns nicht bewußt, was er für uns getan hat. «Brich meine Zunge, dieses schuldige Schweigen», sagt Robert Robinson.

Oh, meine lieben Freunde, wenn euch die Herrlichkeit dieser Tatsachen nicht bewußt ist, dann eilt zu Gott und bekennt es. Bittet ihn, euch seinen Heiligen Geist zu geben, damit eure Augen für diese kostbaren, herrlichen Wahrheiten geöffnet werden. Der Heilige Geist wurde gesandt, um diese Dinge für uns Wirklichkeit werden zu lassen. Wenn wir sie nur erkennen würden, dann würden wir ihn mit unserem ganzen Herzen lobpreisen. Unser ganzes Leben würde zu seinem Lobe sein. Der Heilige Geist wird uns befähigen, diese herrlichen Dinge zu erkennen. Er wird sie unseren Gedanken, unserem Herzen und unserem Verständnis so einprägen und aufdrücken, daß sie uns Wirklichkeit werden, so wirklich, daß wir mit Paulus sagen: «Leben wir, so leben wir dem Herrn»!

Kapitel sechs

Gegen die Ichbezogenheit

Johannes 17,1-5

Zusammen haben wir begonnen, die ersten fünf Verse von Johannes 17 etwas genauer zu betrachten, weil in ihnen der gesamte Heilsplan auf wunderbare Weise dargestellt wird. Ich habe auch deutlich gemacht, wie wesentlich diese Betrachtung ist, denn es handelt sich zweifellos um das wichtigste Thema, das sich uns in diesem Leben und in dieser Welt stellt. Die eine Botschaft, die das Evangelium von Jesus Christus der Welt über die Gemeinde hinaus zu geben hat, ist die Botschaft von der Erlösung. Aber wir dürfen niemals vergessen, daß sie gleichzeitig die zentrale Botschaft für die Gemeinde selbst ist, denn wir haben gesehen, daß sogar wir Gläubigen unser christliches Leben oft in «flachen Wassern» und im Elend verbringen. Wie oft ist unser Leben voller Probleme und Schwierigkeiten, ohne Glück und Freude, wir kämpfen, doch ohne Erfolg, und erleiden doch nur Niederlagen. Der Hauptgrund dafür ist, daß wir aufgehört haben, uns mit der Wahrheit über den Heilsplan, so wie er in der Bibel vor uns entfaltet wird, zu beschäftigen.

Es kann keinen Zweifel geben, daß der von Versuchungen und Sünden gepeinigte Durchschnittschrist dazu neigt, sich selbst auf eine verkehrte Weise zu beobachten. Es ist wahr, daß die Bibel uns zur Selbstprüfung auffordert. Aber es ist ein Unterschied, ob ich dies in der richtigen Weise tue oder mich dabei nur um mich selbst drehe. Wir sind ichbezogen, wenn wir unsere ganze Zeit damit verbringen, auf uns selbst zu sehen, in uns hineinzuschauen und uns vor allen Dingen nur um uns selbst zu sorgen. Das Gegenmittel besteht darin, wieder auf den Heilsplan zu schauen, so wie er in der Bibel entfaltet ist. Hier in Johannes 17, in den ersten fünf Versen, finden wir ihn hervorragend zusammengefaßt. Wenn wir uns an diesen Plan erinnern, ob in seinen verschiedenen Teilen oder im ganzen, sind wir nicht nur fähig, bestimmten Zweifeln entgegenzuwirken, die in unseren Gedanken aufkommen könnten, sondern, was noch wichtiger ist, wir werden ebenfalls in der Lage sein, jenen zu antworten, die unsere Einstellung und unseren christlichen Glauben von außen angreifen.

Angriffe auf unseren christlichen Glauben einfach damit abzuwehren, daß wir sagen, wir hätten bestimmte Dinge erfahren oder einen bestimmten Zustand erreicht, ist nicht die richtige Lösung. Viele Menschen reagieren so und meinen, das sei überzeugend. Sie wenden sich an die Welt und sagen: «Ihr könnt über die Bibel sagen, was ihr wollt. Ihr könnt den christlichen Glauben kritisieren, soviel ihr wollt. Das wird uns nicht beeinflussen, denn wir sind glücklich. Das Evangelium hat für uns dies und jenes getan; deshalb macht uns eure Kritik nicht viel aus.» Ich weiß, wie das gemeint ist; aber meiner Meinung nach wird damit nicht nur der christliche Glaube herabgewürdigt, sondern man zielt auch am eigentlichen Angriff, der auf den Glauben gemacht wurde, vorbei. Wenn wir uns allein auf das stützen, was wir fühlen und in diesem Moment sind, dann haben wir den Angriffen auf unseren christlichen Glauben, besonders von seiten der Psychologie, letztlich nichts entgegenzustellen.

Es gibt heute viele, die den Glauben rein psychologisch erklären wollen. Sie verstehen ihn als eine sehr kluge und raffinierte Form der Selbstüberzeugung, mit deren Hilfe man die Schwierigkeiten einfach auf eine andere Ebene verschiebt. «Es ist gute Psychologie», sagen sie, «und alles, was den Menschen glücklicher macht, ist an sich gut. Christen mögen all diese großen Begriffe gebrauchen, aber in Wirklichkeit ist es nichts als ein bißchen Psychologie. Die Christian Science z. B. hat Lehren, die nicht ganz zu rechtfertigen sind, aber sie können den Menschen sehr glücklich machen.»

Wenn wir uns also allein auf unsere Erfahrungen stützen, überzeugen wir niemanden. Die Antwort auf das gute psychologische Argument ist, daß wir es mit bestimmten historischen Ereignissen und Tatsachen zu tun haben, die wir niemals vergessen sollten. Ich würde sogar so weit gehen, zu sagen, daß ich, ganz egal, was ich im Augenblick fühle und wie dunkel und schwarz mir zumute sein mag, ja, selbst wenn ich völlig niedergeschlagen bin, dennoch sicher und geborgen bin, weil es sich hier um geschichtliche Ereignisse handelt, die völlig unabhängig von mir — und auch vor meiner Geburt — geschehen sind. Gott sei Dank stützt sich mein Glaube nicht auf mein Gefühl. Gefühle sind irreführend. Sie kommen und gehen, und wie wenig können wir sie kontrollieren! Wir alle kennen sicher die folgende Erfahrung: Wir wachen eines Morgens auf und empfinden Frieden, Freude und Glück. Alles scheint gut zu gehen. Der Tag ist wunderbar, wir lesen unsere Bibel, wir fühlen uns frei zum Gebet, und alles ist in Ordnung. Wir freuen uns schon auf den nächsten Tag, der noch herrlicher sein wird. Aber seltsamerweise fühlen wir uns beim Aufwachen matt und ohne Schwung. Wenn wir unseren Zustand allein auf Erfahrung und Gefühle gründen, werden wir sehr unglücklich sein, und unser Glaubensleben wird sehr unbeständig verlaufen. Die Antwort gibt uns, ich wiederhole es, dieser wunderbare Plan der Erlösung. Ich muß natürlich wissen, was er mit mir zu tun hat. Das ist wichtig. Deshalb möchte ich folgendes sagen: «Wenn du dieses christliche Leben führen und dich dieser Segnungen erfreuen möchtest, dann tue es, indem du all diese Dinge betrachtest und über sie nachdenkst.»

Wir haben also gesehen, daß das Hauptziel und die Absicht des Heilsplans die Verherrlichung Gottes ist. Wenn wir dies nicht erkennen, dann ist mit unserer ganzen Vorstellung von Erlösung irgend etwas nicht in Ordnung. Wenn wir die Erlösung nur auf uns beziehen oder auf etwas, das uns geschieht, und nicht in erster Linie die Verherrlichung des allmächtigen Gottes darin sehen, dann ist unsere Auffassung von Erlösung äußerst unzulänglich oder sogar falsch. Es ist die Herrlichkeit des dreieinigen Gottes, die unser Herr betont, und er ist unser höchster Maßstab.

Wir haben auch gesehen, daß der Plan seinen Ursprung beim Vater hat. Er hat ihn aufgestellt und in seinem ewigen Rat zur Ausführung gebracht. Dann sahen wir, wie das Werk aufgeteilt wurde. Der Sohn wurde mit einem Auftrag auf die Erde gesandt, den er zur Herrlichkeit Gottes, des Vaters, vollendete. In der Auferstehung und in der Himmelfahrt wird er verherrlicht. Aber die endgültige Offenbarung der Herrlichkeit des Sohnes war die Ausgießung des Heiligen Geistes auf die junge Gemeinde, die sich zu Pfingsten in Jerusalem versammelte. Dies ist der letzte Beweis, daß Jesus von Nazareth der eingeborene Sohn Gottes ist. Die Heilige Schrift spricht von der «Verheißung des Vaters». Er hatte in der alten Ordnung den Kindern Israel verheißen, daß er seinen Geist senden würde. Er hatte ihnen erklärt, daß er einen neuen Bund mit ihnen schließen wolle und der Tag kommen werde, an dem er ihr steinernes Herz durch ein fleischernes ersetzen und seinen Geist über sie ausgießen wolle. Darauf warteten sie, und das Werk des Messias, des Befreiers und Erlösers, war gewissermaßen dazu bestimmt, die Verheißung des Vaters zu erfüllen. Genau das geschah am Pfingsttage, als der Herr Jesus Christus den Heiligen Geist sandte.

Die Heilige Schrift gebraucht hier zwei Begriffe. Einmal sagt sie uns, daß der Herr Jesus Christus den Heiligen Geist sandte, und ein anderes Mal betont sie, daß Gott der Vater den Geist als Antwort auf das Gebet seines Sohnes schickte. Aber es ist das gleiche, denn der Geist geht von dem Vater und von dem Sohn aus. Was ich hier jedoch besonders betonen möchte, ist, daß diese Lehre sogar in Johannes 17 enthalten ist: «So redete Jesus ...», und dann begann er zu beten. «So» bezieht sich auf die Worte, die in den Kapiteln 14, 15 und 16 dieses besonderen Evangeliums niedergeschrieben sind und alle mit dieser Verheißung des Kommens des Heiligen Geistes zu tun haben. In Kapitel 14 begann der Herr darüber zu sprechen. Seine Jünger waren niedergeschlagen, weil er ihnen gesagt hatte, daß er sie bald verlassen werde. Darum erklärte er ihnen folgendes: «Ich will den Vater bitten, und er wird euch einen andern Tröster geben, daß er bei euch sei in Ewigkeit: den Geist der Wahrheit, den die Welt nicht empfangen kann, denn sie sieht ihn nicht und kennt ihn nicht. Ihr kennt ihn, denn er bleibt bei euch und wird in euch sein» (Joh. 14,16.17). Und dann unterrichtet er sie weiter über das Kommen des Heiligen Geistes.

Im ersten Vers des 17. Kapitels des Johannesevangeliums wird das Kommen des Heiligen Geistes als ein wunderbarer Teil dieses großen und wichtigen Heilsplans bekanntgemacht. Dort in dem ewigen Rat hatten sich Gott der Vater, der Sohn und der Heilige Geist besprochen und die Erlösung des Menschen geplant. Der Sohn akzeptierte die Entscheidung, daß er den Plan ausführen sollte. Gleichermaßen wurde entschieden, daß der Geist das vollenden sollte, was der Sohn für die Menschheit getan hatte. Dies wird manchmal auch die «Wirtschaftlichkeit der Dreieinigkeit» genannt, die Aufteilung des Werkes unter die drei «Personen». Die Bibel berichtet häufig davon, zum Beispiel ganz am Anfang. Im ersten Buch Mose wird uns gezeigt, wie selbst die Schöpfung das Werk der Trinität war: «Am Anfang schuf Gott ...», «der Geist Gottes schwebte ...», und alles wurde durch das Wort geschaffen. Aber das Mittel war gewissermaßen doch der Geist.

Der Vater sendet den Sohn, und das große Werk des Sohnes besteht darin, den Vater zu verherrlichen. Er sagt: «Ich habe dich verherrlicht auf Erden und das Werk vollendet, das du mir gegeben hast, damit ich es tun sollte.» Eigentlich hat sich der Herr Jesus Christus nie selbst verherrlicht. Er hat seine Herrlichkeit abgelegt und wurde deshalb nicht in einem königlichen Palast, sondern in einem Stall geboren. Auch hat er deshalb Knechtsgestalt angenommen; alles nur, um den Vater zu verherrlichen. Sein ganzes Leben als Mensch hat er auf diese Weise geführt, damit alle Herrlichkeit und Macht Gott dem Vater zustehen konnte.

Aber hier wird uns noch etwas anderes Wunderbares mitgeteilt. Nachdem er in den Himmel zurückgekehrt war, sandte er der Gemeinde den Heiligen Geist, und dessen Aufgabe ist es nun, den Sohn zu verherrlichen. Was für eine wunderbare Lehre! Wir können den Geist nicht sehen, weil sein Werk gewissermaßen darin besteht, den Sohn zu verherrlichen. In der Tat, in Johannes 16,14 lesen wir über den Heiligen Geist, was wir anderswo über den Sohn lesen. Unser Herr sagt, daß der Geist nicht von sich selbst reden wird, sondern: «Er wird mich verherrlichen; denn von dem Meinen wird er's nehmen und euch verkündigen.» Genau dasselbe wird uns über den Sohn im Blick auf den Vater gesagt. Deshalb müssen wir diesen großen beherrschenden Gedanken festhalten, daß die Hauptaufgabe des Heiligen Geistes darin besteht, den Herrn Jesus Christus zu verherrlichen.

Das Kommen des Heiligen Geistes war gewissermaßen die letzte Verherrlichung des Herrn Jesus Christus. Im Johannesevangelium wird uns berichtet, der Geist sei noch nicht gekommen, weil Jesus noch nicht verherrlicht war. Wir sehen dies in der großen Verheißung des Herrn, die er eines Tages im Tempel aussprach: «Wen da dürstet, der komme zu mir und trinke! Wer an mich glaubt, wie die Schrift sagt, von dessen

Leib werden Ströme lebendigen Wassers fließen» (Joh. 7, 37.38). Und Johannes erklärt: «Das sagte er aber von dem Geist, den die empfangen sollten, die an ihn glauben; denn der Heilige Geist war noch nicht da, denn Jesus war noch nicht verherrlicht» (Vers 39). Er konnte also gar nicht ausgegossen werden, bevor Christus das Werk, das der Vater ihm aufgetragen hatte, nicht vollendet hatte, bevor er nicht gestorben, auferstanden und aufgefahren war und seinen Platz zur Rechten Gottes eingenommen hatte. Erst dann sagte Gott: «Ich gebe dir das Versprechen; sende ihn auf die Menschen.»

Wenn du behauptest, den Heiligen Geist in seiner Fülle empfangen zu haben, dann kannst du es am besten beweisen, indem du in deinem Leben den Herrn Jesus Christus verherrlichst. Es besteht nämlich die Gefahr, daß wir zuviel Betonung auf den Geist selbst legen und darüber den Sohn Gottes vernachlässigen. Es gibt Menschen, die ständig über bestimmte Phänomene im Leben des Christen sprechen. Sie lieben es, von den Gaben des Geistes zu reden, und prahlen damit, die eine oder andere zu besitzen: «Sprichst du in Zungen? Hast du die Gabe des Heilens?» Ihr Reden scheint sich nur um diese Dinge zu drehen. Gott sei Dank, daß der Heilige Geist viele Gaben gibt; aber wir wollen nie vergessen, daß seine Hauptaufgabe darin besteht, den Sohn zu verherrlichen. Wenn unser Leben nicht immer auf den Herrn Jesus Christus hinweist und ihn verherrlicht, dann sollten wir lieber vorsichtig sein. Es gibt auch andere Geister, und sie sind sehr mächtig und können wunderbare Gaben verleihen. Satan kann die meisten Gaben des Heiligen Geistes vortäuschen. Es gibt zum Beispiel Geister, die heilen können. Viele Wunder geschehen in dieser Welt. Um zu prüfen, ob eine Gabe von Gott ist, sollten wir folgende Fragen stellen: Bezeugt sie, daß Jesus der fleischgewordene Gott ist? Verherrlicht sie den Sohn Gottes? Da dies die höchste Aufgabe des Heiligen Geistes ist, muß sich jede Gabe an dieser Frage prüfen lassen.

Die Frage lautet nun: Wie verherrlicht der Geist Christus? Ich möchte diese Frage in drei Hauptpunkte aufteilen. Erstens offenbart er den Herrn Jesus Christus und seine Person. Paulus spricht in seinem Brief an die Korinther über den Herrn der Herrlichkeit: «Sondern wir reden von der Weisheit Gottes, die im Geheimnis verborgen ist ..., die keiner von den Herrschern dieser Welt erkannt hat; denn wenn sie die erkannt hätten, so hätten sie den Herrn der Herrlichkeit nicht gekreuzigt» (1. Kor. 2,7.8). «Uns aber», sagt er, «hat es Gott offenbart durch seinen Geist; denn der Geist erforscht alle Dinge, auch die Tiefen der Gottheit.» Erkennen wir die Bedeutung dieser Worte? Als der Herr Jesus Christus als Mensch auf Erden lebte, erkannten die Pharisäer und Gesetzeshüter ihn nicht. Vielmehr waren sie es, die das Volk dazu trieben, zu rufen: «Weg mit ihm, kreuzigt ihn.» Weder die Griechen noch die großen Philosophen erkannten ihn, alle verwarfen ihn. Sie sagten, es sei Unsinn und völlig unmöglich, daß ein Zimmermann wie er der Sohn Gottes sein sollte. Sie kannten ihn nicht, weil sie den Geist nicht empfangen hatten. In 1. Kor. 12,3 sagt Paulus: «... niemand kann Jesus den Herrn nennen außer durch den Heiligen Geist.»

Haben wir uns nicht schon oft gewundert, daß auch heutzutage so viele kluge Köpfe nicht an die Gottheit Jesu Christi glauben? Sie sagen, er sei nur ein Mensch gewesen. Sie loben ihn zwar und sagen, er sei der größte Lehrer gewesen, den die Welt je gekannt hat. Aber sie sehen in ihm nicht den Sohn Gottes. Den Herrn Jesus Christus zu erkennen, ist keine Sache des Intellekts. Auch der klügste Kopf kann niemals zu diesem Glauben gelangen. Es ist eine geistliche Wahrheit und etwas, was geistlich wahrgenommen werden muß. Die Bibel sagt uns, es sei nicht überraschend, daß diese Menschen nicht an Jesus Christus als den Sohn Gottes glauben. Sie glauben nicht, weil sie blind sind und ihr Verstand nicht durch den Heiligen Geist erleuchtet ist. Ihr Unglaube beweist sogar gewissermaßen die

Wahrheit des Evangeliums. Gott sei Dank, daß der Glaube keine Frage des Intellekts ist. Denn wenn die Erkenntnis der Person des Herrn Jesu Christi eine Frage des Intellekts und der Veranlagung wäre, wäre der Weg der Erlösung nicht gerecht. Menschen mit Verstand hätten einen großen Vorteil vor denjenigen, die unwissend und nicht so klug sind. Die Folge wäre, daß sie nicht gerettet werden könnten und es Erlösung nur für einige besonders kluge Menschen gäbe.

Aber dies ist nicht der Fall! Selbst das größte Gehirn ist nicht groß genug, um den Glauben an den Sohn Gottes verstehen zu können. Aber der Heilige Geist kann auch die Ungebildetsten und Zurückgebliebensten befähigen zu begreifen. Eine Person ohne jeden bildungsmäßigen Vorteil kann die große Erlösung annehmen, weil sie das Werk des Geistes ist. Allein der Heilige Geist kann die Person Christi offenbaren — allein er kann es, und er kann es allen und jedem offenbaren.

Weiterhin offenbart der Heilige Geist nicht nur die Person, sondern auch das Werk Jesu. Die Predigt Christi, sagt Paulus, ist den Juden ein Hindernis und den Griechen eine Torheit (1. Kor. 1,23). Diese sogenannten weisen Männer stolpern häufig besonders über das Kreuz. Denn die Predigten der ersten Jünger drehten sich nicht nur darum, daß Jesus von Nazareth der Sohn Gottes ist, sondern auch darum, daß er in die Welt gekommen war, um sich mit dem Problem der Sünde zu befassen. Sie lehrten, daß sein Sterben am Kreuz nicht nur bedeutete, daß er auf Veranlassung der Pharisäer von den Römern gefangengenommen und zum Tode durch Kreuzigung verurteilt wurde. Nein, sie lehrten ebenfalls, daß Gott ihn für uns zur Sünde gemacht hatte. Was für ein großartiges Geschehen zwischen dem Vater und dem Sohn! Den Philosophen erschien dies als Unsinn. Sie verstanden es nicht, weil sie den Heiligen Geist nicht hatten. «Wir aber», sagt Paulus, «haben nicht empfangen den Geist der Welt, sondern den Geist aus Gott, daß wir wissen können, was uns von Gott geschenkt ist» (1. Kor. 2,12).

Haben wir die Sache mit der Versöhnung verstanden? Ist uns das Werk Christi klar? Erkennen und wissen wir, daß der Herr Jesus Christus unsere Sünden auf sich genommen hat und für sie am Kreuz gestorben ist? Ist uns das zur Wirklichkeit geworden? Begreifen wir es, oder stolpern wir darüber? Wenn wir damit Schwierigkeiten haben, dann deshalb, weil wir nicht vom Heiligen Geist erleuchtet sind. Und glaubt mir, der einzige Weg zum Verständnis besteht nicht in dem Versuch, es intellektuell zu verstehen, sondern Gott zu bitten, uns durch den Geist zu erleuchten und zu befähigen, diese Wahrheit so zu erkennen, zu verstehen und zu empfangen, wie er sie im Werk Christi vor uns entfaltet. Wenn wir die Predigt lesen, die Petrus am Pfingsttage hielt, werden wir erkennen, daß er genau das tut.

Der Heilige Geist offenbart jedoch nicht nur die Person und das Werk Christi, sondern auch seine Lehre. Der Herr sagte den Jüngern, bevor er sie verließ: «Ich habe euch noch viel zu sagen; aber ihr könnt es jetzt nicht ertragen. Wenn aber jener, der Geist der Wahrheit, kommen wird, wird er euch in alle Wahrheit leiten» (Joh. 16,12.13). Er wird euch an die Dinge erinnern, die ich zu euch gesagt habe und die ihr jetzt nicht verstehen könnt, aber er wird sie euch erklären.

Wenn du Schwierigkeiten hast, das Evangelium zu verstehen, dann bitte Gott, dir seinen Geist in all seiner Fülle zu geben, und du wirst beginnen zu begreifen. «Der natürliche Mensch aber vernimmt nichts vom Geist Gottes, ... er kann es nicht erkennen; denn es muß geistlich beurteilt werden» (1. Kor. 2,14).

Lies noch einmal 1. Korinther 2 und erkenne, daß diese Dinge auf eine andere Ebene gehören. Sie gehören zu einer anderen Ordnung, und der einzige Weg, die Aussagen des Neuen Testamentes über das Wirken Jesu und seine Lehren zu verstehen, ist, sich die Augen des Verstands vom Heiligen Geist erleuchten zu lassen. Darum verschwende deine Zeit nicht mit dem Versuch, philosophische Bücher über diese Fragen zu lesen. Versuche nicht, sie mit dem natürlichen Verstand zu begreifen, denn das ist unmöglich. Wir haben es hier mit Wundern zu tun. Wir befinden uns im Bereich des Übernatürlichen und Geistlichen, und unsere einzige Hoffnung besteht darin, daß der Heilige Geist unsere Augen mit seiner Salbe bestreicht, damit sie sich dieser gesegneten Wahrheit öffnen.

Der Geist offenbart aber nicht nur Christus, er führt auch sein Wort aus, d. h. er überführt uns von der Sünde. Manchmal begegne ich Menschen, die sagen: «Ich verstehe diese Lehre über die Sünde nicht. Ich fühle mich nicht als Sünder.» Wenn du dich nicht als Sünder fühlst, dann einfach deshalb, weil du dich nicht kennst, und du kennst dich nicht, weil der Heilige Geist dich nicht überführt hat. Die besten Menschen, die je über diese Erde gingen, sind diejenigen, die sich ihrer Sündhaftigkeit am meisten bewußt waren. Ich kann mir für einen Menschen nichts Schlimmeres vorstellen, als ihn sagen zu hören, er fühle sich nicht als Sünder. Der Heilige Geist überführt und überzeugt von der Sünde. Und wenn wir beim Prüfen unserer Seele erkennen, daß er es bei uns nicht getan hat, dann sollten wir ihn bitten, es zu tun. Christus kam, um für Sünder zu sterben, nicht für die Gerechten, und das erste Werk des Geistes besteht darin, uns von der Sünde, der Gerechtigkeit und dem Gericht zu überzeugen. Wir kommen zu Christus, um erlöst zu werden, nachdem der Geist uns von der Sünde überführt hat, denn der Herr Jesus Christus ist die Antwort auf unsere Not.

Dann schenkt uns der Heilige Geist die Gewißheit, daß wir angenommen sind und uns von Gott vergeben wurde. Er ist das Siegel dafür, daß wir nun Gott gehören. Er gibt unserem Geist Zeugnis, daß wir Kinder Gottes sind. Kein Christ hat das Recht, über seine Erlösung im Ungewissen zu sein; der Heilige Geist wurde uns gegeben, damit wir sicher sind: «Der Geist selbst gibt Zeugnis unserm Geist, daß wir Gottes Kinder sind» (Röm. 8,16). Wenn einem Christen Gewißheit und Glück fehlen, dann muß er um die Gabe des Geistes in seiner Fülle und um diese Gewißheit bitten. Sage Gott, daß du dich danach sehnst. Gib keine Ruhe, bis du sie hast. Du sollst sie haben, und deshalb bete, daß der Geist dich zu ihr führen möchte. Wenn du ehrlich und aufrichtig bist, wirst du sie bekommen. Du magst schon monate-, vielleicht jahrelang gebetet haben. Aber ich sage, gib nicht auf, halte die Gebote, lebe das Leben, das er für dich bestimmt hat. Vor allem aber bitte, daß der Geist dir diese Gewißheit schenkt. Dazu wurde er gesandt, und so schafft er die Verbindung zu Christus. Das übersteigt unseren Verstand; es ist die mystische Vereinigung zwischen dem Gläubigen und Christus. Wie der Herr in Johannes 15 gesagt hat, sind wir an Christus gebunden wie die Reben an den Weinstock; sein Leben ist in uns, und das verdanken wir diesem Werk des Geistes. Er wird in uns wirken, uns heiligen und vollkommen machen: «Schaffet, daß ihr selig werdet», sagt Paulus in Philipper 2, «mit Furcht und Zittern. Denn Gott ist's, der in euch wirkt beides, das Wollen und das Vollbringen, nach seinem Wohlgefallen.» Er hilft uns sogar beim Beten: «Denn wir wissen nicht, was wir beten sollen, wie sich's gebührt; sondern der Geist selbst vertritt uns mit unaussprechlichem Seufzen» (Röm. 8,26). Und er will in uns die Frucht des Geistes schaffen: «Liebe, Freude, Friede, Geduld, Freundlichkeit, Güte, Treue, Sanftmut und Keuschheit» (Gal. 5,22.23).

Wir wollen das Werk des Geistes nochmals zusammenfassen: Er wurde gesandt, um uns den Herrn Jesus Christus zu zeigen.

Verschwendet deshalb eure Zeit nicht damit zu versuchen, euch den Herrn Jesus Christus vorzustellen. Schaut euch keine Bilder an, die nur aus der Einbildung entstanden sind. Ich bin der Meinung, daß wir Christus nicht malen sollten. Diese Bilder von Christus sind Anstrengungen des natürlichen Geistes. Nein, wenn du ein Bild des Herrn Jesus Christus haben möchtest, wird es der Heilige Geist dir ins Innere eingeben. Christus sagt selbst in Johannes 14: «Wer meine Gebote hat und hält sie, der ist's, der mich liebt. Wer mich aber liebt, der wird von meinem Vater geliebt werden, und ich werde ihn lieben und mich ihm offenbaren.» Christus lebendig zu machen und uns die Gewißheit zu geben, daß er da ist, ist das Werk des Geistes. Wenn wir mit ihm reden und er mit uns, dann bezeugt der Geist uns seine Wirklichkeit, und er nimmt in uns Gestalt an. Ja, der Geist selbst nimmt in uns Christi Stelle ein. Christus hat gesagt: «Ich werde euch nicht ohne Trost lassen.» Ich werde fortgehen, und ihr werdet darüber traurig sein. Aber ich werde euch nicht als Waisen zurücklassen. Ich werde euch einen anderen Tröster senden, den Heiligen Geist. Er wird immer bei euch sein, so daß ihr immer wissen werdet, was ihr tun sollt. Er wird in euch wirken, und ihr werdet wissen, daß ihr mit ihm wandelt. Das christliche Leben ist Gemeinschaft mit dem Vater und dem Sohn Jesus Christus durch den Heiligen Geist.

Und schließlich gibt er uns seine wunderbare Kraft, damit wir Zeugen des Herrn Jesus Christus sein können. Habt ihr je darüber nachgedacht? Habt ihr je darüber nachgedacht, wie die christliche Gemeinde entstanden ist oder wie sie die ganzen Jahrhunderte hindurch standhalten konnte?

Habt ihr je darüber nachgedacht, wie diese Handvoll ungebildeter Männer — Fischer und gewöhnliche Leute — es fertigbrachte, die gesamte damalige Welt auf den Kopf zu stellen? Habt ihr euch je gewundert, wie das geschehen konnte? Es gibt nur eine Antwort. Es war die Kraft des Heiligen Geistes, die an Pfingsten auf sie herniederkam. Nicht ihre Beredsamkeit oder ihre überzeugenden Worte waren das Geheimnis, sondern die mächtige Kraft des Geistes!

Paulus schrieb dasselbe von sich selbst. Als er den Korinthern das Evangelium predigte, vermied er es bewußt, die Methoden und Gebräuche der griechischen Philosophen anzuwenden. Er sagte: «Denn ich hielt es für richtig, unter euch nichts zu wissen als allein Jesus Christus, den Gekreuzigten. ... und mein Wort und meine Predigt geschahen nicht mit überredenden Worten menschlicher Weisheit, sondern in Erweisung des Geistes und der Kraft» (1. Kor. 2,2.4), damit die Ehre Gott und nicht dem Menschen gebühre.

Der Heilige Geist gibt diese Kraft; und Gott sei Dank gab er sie nicht nur den ersten Aposteln, sondern im Laufe der Jahrhunderte auch vielen unbekannten Menschen. Er hat einfache Leute befähigt, zur richtigen Zeit das richtige Wort zu sagen. In seiner Autobiographie «Grace Abounding» (Reich an Gnade) berichtet John Bunyan, daß eine der größten Segnungen in seinem Leben das Gespräch dreier ungebildeter Frauen war, die eines Nachmittags vor dem Haus in der Sonne zusammensaßen und strickten und über den Herrn Jesus Christus sprachen. Die Worte dieser Frauen wurden ihm wichtiger als alles andere. Und so geschieht es oft. Gott gibt den einfachsten, demütigsten Christen die Kraft, den Herrn Jesus Christus und das, was er getan hat, zu bezeugen. So verherrlicht der Heilige Geist den Sohn. Wenn er in uns wirkt, dann bringt er uns dazu, den Herrn Jesus Christus zu verherrlichen. Der Mensch, in dem der Geist wohnt, spricht nicht von sich selbst, sei er nun Prediger oder Laie. Er kann nicht anders, als von *Ihm* zu reden.

Du und ich, wir haben das unschätzbare Vorrecht, in diesem Leben und in unserer täglichen Arbeit und Beschäftigung den Herrn Jesus Christus verherrlichen zu können. Möge Gott es schenken, daß wir alle mit seinem Geist erfüllt werden, damit wir ihn erkennen «und die Kraft seiner Auferstehung und die Gemeinschaft seiner Leiden und so seinem Tode gleichgestellt werden»; damit wir erkennen dürfen, was er für uns getan hat, damit wir erkennen, daß wir Kinder Gottes und gemeinsame Erben mit Christus sind; damit wir einen Blick auf die Herrlichkeit werfen dürfen, die uns erwartet, und unser Leben verwandelt und mit seiner Kraft erfüllt wird, so daß wir mit Paulus sagen können: «Ich lebe, aber nicht ich, sondern Christus lebt in mir.»

Kapitel sieben

Es ist vollbracht!
Johannes 17,1-5

Heute wollen wir vor allem den Inhalt des vierten Verses näher betrachten. Der Herr sagt dort zu seinem Vater: «Ich habe dich verherrlicht auf Erden und das Werk vollendet, das du mir gegeben hast, damit ich es tue.» Die beiden Aussagen dieses Satzes gehören natürlich eng zusammen. Er hatte seinen Vater auf Erden dadurch verherrlicht, daß er das Werk vollendete, das ihm sein Vater aufgetragen hatte. Er war gekommen, um den Vater zu verherrlichen. Alles, was er tat, stand damit im Einklang, so daß wir uns insbesondere auf den zweiten Teil konzentrieren können: «Ich habe ... das Werk vollendet, das du mir gegeben hast, damit ich es tue.»

Anhand dieses Verses können wir am besten die Erlösung und alles, was damit verbunden ist, studieren. Die Heilige Schrift drängt uns immer wieder, über diese Fragen nachzudenken. Laßt mich noch einmal erwähnen, daß der unmittelbare Weg zu Frieden, Freude und Glück niemals bei uns selbst beginnt. Statt dessen sollen wir auf den wunderbaren Heilsplan blicken. Die Menschen, die in diesem Leben und in dieser Welt Frieden haben, sind jene, die, um mit dem Liederdichter zu reden, «anbetend stille stehen». Die glücklichsten Menschen sind immer jene, die die Bedeutung der Erlösung erkannt haben und wissen, daß sie in Ihm leben. Das ist der große Leitgedanke des Neuen Testamentes — «in Christus». Und so überwinden sie diese Welt und sind immun gegen die meisten Dinge, die letztlich für unser Unglück und unseren Kummer verantwortlich sind.

«Ich habe ... das Werk vollendet, das du mir gegeben hast, damit ich es tue.» Als erstes sollten wir bemerken, daß dieses Werk, das ihm aufgetragen wurde, etwas ganz Bestimmtes, etwas Besonderes und Konkretes ist. In der Lehre des Neuen Testamentes über die Erlösung ist nichts Unklares und Unbestimmtes. Christus war mit einem besonderen Werk betraut worden, das genau umrissen war. Diesen Gedanken müssen wir vor allem festhalten.

Wenn jemand mit der Frage zu mir käme, was die Erlösung eigentlich ist, wäre ich in der Lage, ihm eine *genaue* Definition zu geben? Ich sollte es sein. Weder eine allgemeine Schlußfolgerung noch ein vager Eindruck und auch keines der Dinge, über die man viel aussagen kann und sie dennoch niemals beschreibt. Nein, die Erlösung ist ein ganz bestimmtes, besonderes Werk. Natürlich gibt es dazu viele klare Aussagen in der Heiligen Schrift. Das Werk, das unserem Herrn aufgetragen wurde, war die Rettung der Menschheit. Denken wir nur an seine eigenen Worte in Lukas 19,10: «Denn der Menschensohn ist gekommen, zu suchen und selig zu machen, was verloren ist.»

Der Apostel Paulus drückt es in Galater 4 wie folgt aus: «Als aber die Zeit erfüllt war, sandte Gott seinen Sohn, geboren von einer Frau und unter das Gesetz getan, damit er die, die unter dem Gesetz waren, erlöste ...» Das war die besondere Aufgabe, mit der er betraut wurde. Wir können es auch allgemeiner ausdrücken: Das Werk, das unserem Herrn aufgetragen wurde, bestand darin, Menschen für die Gemeinschaft mit Gott wiederherzustellen. Er kam vom Himmel zur Erde und tat alles, damit Männer und Frauen wie du und ich, deren Beziehung zu Gott nicht in Ordnung war, wieder diese Gemeinschaft haben können. Er kam, um Menschen und Gott zusammenzubringen. «Ich habe ... das Werk vollendet, das du mir gegeben hast, damit ich es tue»; mit diesen Worten sagt er, daß er all denen ewiges Leben gab, die Gott ihm gegeben hat.

Dies führt mich zu einer weiteren Aussage: Was machte dieses Werk notwendig? Denn wäre es nicht notwendig gewesen, so hätte der Ewige Rat niemals stattgefunden. Gott der Vater hätte niemals seinen Sohn in die Welt gesandt, und der Sohn hätte niemals all das ertragen und durchlitten, was er dann auf sich nahm. Wir sehen also, daß es einen ganz besonderen Grund für dieses Werk gegeben haben muß. Ich betone dies, weil ich gemerkt habe, daß es viele Menschen gibt, die die Notwendigkeit dieses Werkes nie erkannt haben. Sie sagen: «Ich habe immer an Gott und die Liebe Gottes geglaubt.» Aber all das, was Christus für sie tat und wofür er auf diese Erde kam, erscheint ihnen absolut unnötig. Wenn man sie fragt, worauf sie hoffen, sagen sie, sie hoffen, in den Himmel zu kommen. Wenn man sie fragt, wie sie das tun wollen, antworten sie: «Nun, ich habe schon immer an Gott geglaubt.» Sie reden von diesem und jenem, aber erwähnen niemals den Herrn Jesus Christus und sein Werk. Was sie betrifft, so war sein Werk unnötig.

Aber dieses Werk war durchaus notwendig. Der Sohn wurde mit einem Auftrag gesandt, weil anders Mensch und Gott nicht versöhnt werden konnten. Damit tauchen wir wieder in die Tiefen der christlichen Theologie ein. Was dieses Werk notwendig machte, war das Problem, welches durch die Sünde entstanden war. Wenn wir uns über das Problem der Sünde nicht gänzlich im klaren sind, dann haben wir noch nichts von dem Werk verstanden, das dem Herrn Jesus Christus aufgetragen wurde. Das erklärt auch, warum heute so wenig über den Heilsplan gesprochen wird und warum Männer und Frauen so selten über diesen wunderbaren Plan nachdenken.

Es kommt daher, weil sie die Lehre über die Sünde nicht mögen und gern aus ihren Gedanken verbannen. Aber der Bibel nach ist es gerade die Sünde, die dieses Werk erforderlich machte.

Habt ihr euch je gefragt, warum den Kindern Israel die vielen Opfergesetze gegeben wurden? Ich meine die Gesetze über das Brandopfer, das Sünd- und Schuldopfer — die lange Liste all der Dinge, die getan werden mußten: das Töten der Tiere, das Vergießen des Blutes und dessen Darbringung im Tempel. Der wahre Grund dafür liegt in dem Problem der Sünde, und die Sünde und der sündige Zustand des Menschen sind es auch, die Christi Werk so notwendig machten.

Aber die Sünde war nicht der einzige Grund. Etwas anderes machte es sogar noch notwendiger, und das ist der heilige Charakter Gottes selbst. Ich mußte zunächst von der Sünde sprechen, denn wenn ich das nicht tue, kann ich das Problem nicht erkennen, das gewissermaßen auch in dem Herzen des Ewigen selbst entstanden war. Denn bevor Gott und Mensch versöhnt werden konnten, mußte sowohl vom Standpunkt Gottes aus als auch vom Standpunkt des Menschen aus etwas getan werden. Um das Problem von der Seite Gottes aus zu betrachten, will ich es mit den Worten des Apostels Paulus aus Römer 3 sagen: Wie konnte Gott einerseits gerecht bleiben und andererseits der Vergelter der Gottlosen sein? Wie konnte Gott heilig, unveränderlich, ewig, gerecht, wahr und rechtschaffen sein und dennoch Sünde und die Übertretungen des Menschen vergeben?

Gott kann Sünde nicht so einfach vergeben — weil er Gott ist. Im allgemeinen glauben wir: Wenn wir unsere Sünde bekennen und bereuen, dann vergibt er uns. Aber der Bibel nach ist das unmöglich, und ich zögere nicht, dieses Wort zu gebrauchen. Als Prediger des christlichen Evangeliums bin ich gezwungen, es zu sagen, und ich sage es mit Ehrfurcht: Gott kann Sünde nicht einfach so vergeben — weil er Gott ist.

Wenn Gott die Sünde hätte vergeben können, indem er sagt: «Ich vergebe», dann hätte er es auch getan, und Christus wäre niemals in diese Welt gesandt worden. Das Werk, das dem Herrn Jesus Christus aufgetragen war, wurde ihm gegeben, weil, und ich wiederhole mich, Gott Sünde nicht einfach vergeben kann. Er muß nicht nur die Gottlosen rechtfertigen, er muß auch gerecht bleiben. Der Weg der Erlösung muß mit dem Charakter Gottes vereinbar sein. Er kann sich nicht selbst verleugnen. Er kann sich nicht ändern; er ist unveränderlich. «Gott ist Licht, und in ihm ist keine Finsternis» (1. Joh. 1,5); er ist der «Vater des Lichts, bei dem keine Veränderung ist noch Wechsel des Lichts und der Finsternis» (Jak. 1,17). Er ist ewig, immer derselbe und absolut gerecht und heilig. Er kann es jedoch nicht sein, wenn er Sünde ohne weiteres vergibt.

So viele Menschen sehen die Notwendigkeit für Christi Werk nicht; sie sagen, Gott sei doch Liebe, und deshalb müsse er vergeben. Meine Freunde, er kann es nicht, weil er Gott ist! Das Werk Christi war nötig wegen des Charakters Gottes und des sich in der Sünde befindlichen Menschen. Es mußte etwas getan werden, um den Menschen zurück in die Gemeinschaft mit Gott zu bringen. Es gibt also zwei gewichtige Gründe, warum dieses Werk unbedingt erforderlich war.

Wir wollen nun ein anderes Problem aufgreifen. Dieses Erlösungswerk mußte von Christus selbst durchgeführt werden. Deshalb konnte er auch sagen: «Ich habe ... das Werk vollendet, das du mir gegeben hast, damit ich es tue». Der Herr Jesus Christus ist nicht in diese Welt gekommen, um uns zu sagen, was wir zu tun haben. Er ist gekommen, um etwas für uns zu tun, was wir niemals für uns selbst tun könnten. Es gibt Menschen, die an die Gottheit Jesu Christi glauben, aber wenn man sie fragt, weshalb er in diese Welt gekommen ist, lautet ihre Antwort: «Er kam, um uns zu sagen, was wir tun sollen.» Sie sprechen von den guten Werken und behaupten, wenn wir nur dies oder jenes tun, dann seien wir Christen und vor Gott gerecht. Nein! Der Herr sagt hier: «Ich habe ... das Werk vollendet, das du mir gegeben hast, damit ich es tue.»

Manchmal, und besonders wenn ich so einige der sogenannten Bibelschüler anschaue, habe ich Angst, daß wir vor lauter Bäumen den Wald nicht mehr sehen. Sie analysieren die Evangelien so auseinander und sind dabei so sehr mit den Einzelheiten beschäftigt, daß sie nie den ganzen Plan erkennen. Wir müssen uns damit befassen, was Jesus getan und was er schon vorher getan hat. Er kam, um bestimmte Dinge selbst zu tun; und wir sind erlöst durch das, was Christus für uns getan hat, und nicht durch das, was er uns zu tun aufträgt. Das Werk der Erlösung ist sein Werk und sein Tun. Deshalb ist er gekommen. Unter dem Schatten des Kreuzes blickt er auf sein Werk zurück und kann sagen: «Ich habe ... das Werk vollendet, das du mir gegeben hast, damit ich es tue.» Ich habe es beendet. Am Kreuz sagt er es nochmals mit den Worten: «Es ist vollbracht.» Es ist sein Werk, und nicht deins oder meins. Prüfe deine Auffassung von der Erlösung und frage dich, ob du sie als etwas ansiehst, das ausschließlich das Werk des Herrn Jesus Christus ist. Wir sind sein Werk; es stammt alles von Gott in Christus. Er hat das Werk vollendet; wir müssen seine Erlösung nur als eine freie Gabe empfangen.

Das Werk Christi bestand jedoch nicht allein darin, uns eine unvergleichliche Lehre über Gott und die Liebe und Vaterschaft Gottes zu bringen. Wie oft wird dies als die wichtigste Aufgabe Christi in dieser Welt bezeichnet? Natürlich hat er das auch getan, aber es war nicht der Hauptgrund seines Kommens. Das wird uns schon im Alten Testament offenbart. Dort finden wir einige der herrlichsten Aussagen über den Charakter und die Liebe und Vaterschaft Gottes; es gibt im Alten Testament Aussagen, die denen des Neuen Testamentes in nichts nachstehen. Gottes Volk wußte von seiner Liebe, Vaterschaft und seinem heiligen Charakter.

Wir müssen verstehen, daß der Grund für das Kommen Christi etwas war, was die Menschwerdung, das Leben, den Tod und die Auferstehung des Sohnes Gottes erforderlich machte. Wenn wir uns dieser Frage gegenübersehen, müssen wir sichergehen, daß unsere Antwort genau erklärt, warum die Menschwerdung, der Tod am Kreuz und die Auferstehung eine absolute Notwendigkeit waren. Darum müssen wir, wenn wir von der Liebe, dem Wesen und der Vaterschaft Gottes reden, darauf achten, daß wir unbedingt auf diese großen Wahrheiten hinweisen.

Dasselbe gilt im Blick auf unser Reden über seinen Tod am Kreuz. Wir müssen das Werk mit den dazugehörigen Ereignissen als unbedingt erforderlich hervortreten lassen, und dazu müssen wir begreifen, daß es vor allem darum ging, wie Gott und Mensch versöhnt werden können. Es ging nicht bloß darum, daß der Mensch bestimmte Dinge über Gott wissen sollte. Es mußte etwas getan werden, um die Gemeinschaft wiederherzustellen. Wenn wir dies begreifen, werden wir das gesamte Werk der Erlösung besser verstehen. Christus wurde gesandt, um es auszuführen; er ist der Messias, und er ist gekommen, zu suchen und selig zu machen, um der Vermittler zwischen Gott und Mensch zu sein.

Mit anderen Worten: «Das Werk» ist etwas, zu dem er als Vertreter des Menschen berufen worden war. Am Anfang hatte der Mensch einen Vertreter namens Adam. Er stand für das ganze Menschengeschlecht an sich, und als er sündigte, da sündigten wir alle. Was folgt daraus? Wir brauchen jemanden, der uns bei Gott vertritt; jemanden, der uns wieder aufrichten, uns befreien und zu Gott bringen kann. Das ist die Aufgabe, und nichts Geringeres. Ein Vertreter der Menschheit war erforderlich, oder, um den Begriff aus Hebräer 2 zu gebrauchen, ein Anfänger des Heils; ein Führer, jemand, der für uns sprechen kann. Ein neuer Urheber einer neuen Rasse, Adam entsprechend, war notwendig geworden. Dazu kam der Sohn Gottes in diese Welt, und dazu diente die besondere Aufgabe, die ihm aufgetragen war.

Dazu gehörte natürlich zuallererst die Menschwerdung. Eine neue Menschheit, ein neuer Mensch, wenn man so sagen will, war notwendig, der an unserer Stelle vor Gott stehen kann. Deshalb ist der Sohn Gottes in die Welt gekommen; deshalb hat das Wunder der Jungfrauengeburt stattgefunden, und deshalb gibt es das Geheimnis und das Wunder des Gottesmenschen — zwei Naturen in der einen Person. «Denn er nimmt sich nicht der Engel an, sondern der Kinder Abrahams nimmt er sich an» (Hebr. 2,16). Er nahm in seine Gottheit die Menschlichkeit mit; darin liegt die ganze Bedeutung der Menschwerdung. Das geschah in Bethlehem. Was ich hier hervorheben möchte, ist, daß seine Aufgabe nicht nur darin bestand, uns von Gott und seiner Liebe zu erzählen. Das hätte er mit Hilfe einer Gotteserscheinung tun können; er hätte der Menschheit bestimmte Offenbarungen über Gott und seine Liebe geben können. Aber das war nicht genug; er mußte der Vertreter des Menschen werden. Bevor er uns als Hoherpriester vertreten konnte, mußte er einer von uns werden, und deshalb hat er menschliche Natur angenommen.

Aber es bedeutet noch mehr als das, denn als er in der Gestalt des sündigen Fleisches zu Johannes dem Täufer ging und um die Taufe bat, trat Johannes mit Erstaunen zurück und sagte:

«Ich bedarf dessen, daß ich von dir getauft werde, und du kommst zu mir?» Jesus aber antwortete und sprach zu ihm: «Laß es jetzt geschehen! Denn so gebührt es uns, alle Gerechtigkeit zu erfüllen.»

Was geschah dort bei dieser Taufe? Es handelt sich wieder um einen der nötigen Schritte in dem großen Werk, das ihm zu tun aufgetragen war. Als Mensch geboren zu sein, war noch nicht genug. Aber warum mußte er sich taufen lassen, wenn er sündlos war? Weil er sich mit uns in unserer Sünde identifizierte. Er übernahm die Verantwortung für uns und unsere Sünden; er nahm unsere Sündhaftigkeit auf sich.

War es nicht anläßlich seiner Taufe, daß der Heilige Geist in Form einer Taube auf ihn herniederkam? Gott der Vater verlieh ihm dadurch nicht nur Kraft, sondern auch die Salbung für seine Aufgabe. Auf besondere Weise wurde er als der Messias und Gesalbte ausgesondert, um die Menschen, für die er gekommen war, zu befreien. Bei seiner Einsetzung wurde er mit dem Öl des Geistes begossen und als der Messias angekündigt. Darum war die Taufe nötig; sie war ein Teil des Werkes, das zu tun er gekommen war. Es bestand nicht nur darin, unsere Natur anzunehmen, sondern sich mit uns in unserer Sünde gleichzustellen.

Wir können fortfahren und sein Leben des vollkommenen und fleckenlosen Gehorsams betrachten. Er lebte nicht nur vollkommen, um zu beweisen, daß er der Sohn Gottes war. Nein, etwas viel Tieferes und Wichtigeres mußte geschehen. Indem er dieses vollkommene Leben des Gesetzesgehorsams lebte, ehrte er das Gesetz nicht nur als unser Haupt und Stellvertreter, sondern auch als der Anfänger unseres Heils, als der Erstgeborene unter vielen Brüdern. Er ehrte das Gesetz für dich und mich und alle, die an ihn glauben; er erlangte dadurch nicht nur für sich selbst Gerechtigkeit, sondern auch für uns. Er hielt Gottes Gesetz für uns. Auch dies war Teil des Werkes, das ihm aufgetragen war.

Wenn wir das Evangelium lesen und sein vollkommenes Leben bewundern, neigen wir oft dazu zu sagen: «Ja, er ist zweifellos Gott und Mensch», und dabei lassen wir es bewenden. Doch wir sollten ständig auf ihn blicken und betrachten, wie er das Gesetz Gottes geehrt und vollkommen gehalten hat, und dabei erkennen, daß er dies als unser Stellvertreter tat. Er tat es für uns: dazu kam er in die Welt, und nicht nur, um uns von Gott und der Vergebung und seiner Liebe zu sagen. Er mußte Gottes Gesetz halten, bevor Gott uns vergeben konnte, und er tat es.

Doch nicht nur das. Wir erleben auch, wie er Satan besiegte. In Hebräer 2 wird uns gesagt, daß er in diese Welt kam, «damit er durch seinen Tod die Macht nähme dem, der Gewalt über den Tod hatte, nämlich dem Teufel, und die erlöste, die durch Furcht vor dem Tod im ganzen Leben Knechte sein mußten» (Hebräer 2,14.15). In seinem ersten Brief sagt Johannes, daß Jesus in die Welt kam, um die Werke des Teufels zu zerstören. Mit anderen Worten, die Menschheit in Sünde war Satan untertan, und bevor wir gerettet und wahrhaftig mit Gott versöhnt werden konnten, mußte Satan besiegt werden. Wir mußten aus dem Herrschaftsbereich Satans befreit und dem Reich Gottes übergeben werden, und nur Christus konnte dies tun. Alle, die vor ihm kamen und versuchten, sich aus eigener Kraft von der Herrschaft Satans zu befreien, scheiterten. Unser Herr mußte es tun, und er mußte es als Mensch tun, bevor unsere Befreiung stattfinden konnte — und er hat es getan.

Dann stand er natürlich vor seiner letzten Aufgabe: Uns von der Schuld der Sünde zu befreien. Darin liegt die ganze Bedeutung seines Todes am Kreuz. Ich sehe ihn dort, wie er der Sünde gestattet, in seinem Körper bestraft zu werden, und sich selbst als Sündopfer dargibt, denn ohne Blutvergießen gibt es keine Vergebung der Sünde (siehe Hebr. 9,22). So gilt es bei Gott. Denn weil Gott ist, was er ist, kann er uns Sündern ohne Blutvergießen nicht vergeben. Bevor Gott Sünde vergeben konnte, mußte sie gestraft werden. Durch Christi Tod am Kreuz wurde die Sünde gestraft und die Schuld wiedergutgemacht. Dort am Kreuz wurde Jesus für uns zur Sünde gemacht. «Denn Gott war in Christus und versöhnte die Welt mit sich selber ...» (2. Kor. 5,19). Christus kam, um auch das zu tun — sich als Mensch ohne Fehl und Sünde darzugeben. Das wäre ohne sein Kommen in diese Welt mit all dem, was er getan hat, nicht möglich gewesen. Aber indem er all dies tat, hat er auch den Tod besiegt. Er hat dem Tod den Stachel genommen, denn «der Stachel des Todes aber ist die Sünde, die Kraft aber der Sünde ist das Gesetz. Gott aber sei Dank, der uns den Sieg gibt durch unsern Herrn Jesus Christus!» (1. Kor. 15,56.57).

Ich habe dies alles nur in kurzen Worten skizziert und bitte euch, darüber nachzudenken. Es ist das Werk, das Jesus Christus aufgetragen wurde. Er kam, um Gottes Gesetz zu erfüllen, indem er es hielt und danach lebte. Er kam, um es zu erfüllen, indem er die Strafe erlitt, die er über Sünde, Schuld und das Böse verkündigt hatte. Er hat es getan. Aber wir mußten auch von der Macht des Teufels befreit werden. Der Tod und das Grab mußten besiegt werden. All dies hat er getan. Darüber hinaus benötigen wir eine neue Natur, denn wir brauchen nicht nur Vergebung der Sünden, sondern wir müssen auch für die Gemeinschaft mit Gott zubereitet werden. Wir benötigen eine Natur, die vor das Angesicht

Gottes treten kann, denn Gott ist Licht, und es ist keine Finsternis in ihm. Christus ist gekommen und hat uns seine eigene Natur gegeben, das ewige Leben, von dem er in diesem Gebet spricht.

Er konnte wirklich sagen: «Ich habe ... das Werk vollendet, das du mir gegeben hast, damit ich es tue.» Er hat alles getan, was nötig ist, damit der Mensch mit Gott versöhnt werden kann. Ist euch bewußt, meine Freunde, daß dieses Werk vollendet ist? Ist euch bewußt, daß es, soweit es euch betrifft, vollendet ist? Denkt ihr immer noch, daß ihr euch zu Christen machen müßt? Wenn du gefragt wirst, ob du ein Christ bist, antwortest du dann: «Ich hoffe, aber ich muß noch dies und jenes tun»? Nein! Christus sagt: «Ich habe ... das Werk vollendet, das du mir gegeben hast, damit ich es tue.» Das Werk ist getan, und der Beweis, ob wir wahre Christen sind oder nicht, ist die Tatsache, daß wir wissen und erkennen, daß das Werk schon getan ist und wir uns auf das vollendete Werk unseres Herrn und Heilands Jesus Christus, und nur darauf, stützen. Wenn wir das Werk, das in ihm getan und vollendet wurde, allein ihm zuschreiben, können wir uns Christen nennen. Aber wenn wir irgendwelche Zweifel haben oder unsicher sind oder wenn wir denken, daß wir etwas dazu tun müssen, sind wir keine Christen. Christsein beginnt mit der Annahme der folgenden Aussage: «Ich habe ... das Werk vollendet, das du mir gegeben hast, damit ich es tue.» Der Weg, Gott kennenzulernen und mit ihm versöhnt zu werden, liegt in dem Herrn Jesus Christus offen vor uns. Wenn du ihn noch nie zuvor betreten hast, betrete ihn jetzt, stütze dich auf das vollendete Werk des Herrn Jesus Christus, und fange noch im selben Augenblick an, dich deiner wunderbaren Erlösung zu erfreuen.

Kapitel acht

Die Stunde ist da

Johannes 17,1

Wenn wir in unserem Glaubensleben schwankend werden, sei es in Gedanken oder in der Tat; wenn wir unglücklich sind oder es uns aus irgendwelchen Gründen nicht gelingt, in dieser Welt so zu leben, wie es uns im Neuen Testament so deutlich geschildert wird, dann liegt das letztlich daran, daß unsere Vorstellung über unsere Stellung in Christus irgendwo falsch ist.

Es gibt keinen Zweifel, daß das Neue Testament Antwort auf alle Probleme und Schwierigkeiten des christlichen Lebens hat. Sein Ziel ist es, uns zur Wahrheit selbst zurückzuführen und uns ein immer besseres Verständnis zu geben. Es geht hier also nicht um etwas Theoretisches. Nichts ist gefährlicher als die Trennung, die manche Menschen zwischen Glauben und Leben ziehen, denn beides gehört unauflösbar zusammen. Ja, es sind gerade jene, die am meisten damit angeben, praktisch veranlagt zu sein, und sich nicht für theoretische Lehren interessieren, die früher oder später in große Schwierigkeiten geraten. Es ist verhängnisvoll, nur das eine oder das andere anzuerkennen. Beides gehört zusammen.

«Vater, die Stunde ist da!» Die Lehre über «diese Stunde» ist für uns von großer Bedeutung. Wenn wir unseren Herrn betrachten, so wie er «dieser Stunde» ins Angesicht blickt, dann sehen wir in gewissem Sinne die ganze Erlösung vor uns. Christus kam vom Himmel und hat alles getan, was wir schon betrachtet haben, um zu dieser Stunde zu gelangen. Diese

Stunde war für die Vollendung der Aufgabe notwendig, die der Vater ihm auferlegt hatte. Sie war der Mittelpunkt und gleichzeitig der Höhepunkt all dessen, wofür unser Herr gekommen ist. Hier geht es um den entscheidenden Punkt in dem mächtigen Werk der Erlösung, auf den sich alles zuspitzt.

Es scheint mir am besten, die Lehre in bezug auf «diese Stunde» anzugehen, indem wir uns an einige der Aussagen erinnern, die unser Herr selbst im Blick darauf gemacht hat. So wird uns zum Beispiel berichtet, wie er sich bei der Hochzeit zu Kana in Galiläa, als ihn seine Mutter bat, etwas gegen den Weinmangel zu tun, an sie wandte und sagte: «Was geht's dich an, Frau, was ich tue? Meine Stunde ist noch nicht gekommen» (Joh. 2,4). Schon am Anfang seiner Tätigkeit sprach er davon. Dasselbe erwiderte er seinen Brüdern, die ihm Vorwürfe machten, als er nicht zum Fest nach Jerusalem ging: «Meine Zeit ist noch nicht da» (Joh. 7,6). Dann wird uns bei einer anderen Gelegenheit berichtet, daß seine Feinde danach trachteten, ihn zu ergreifen, aber «niemand legte Hand an ihn, denn seine Stunde war noch nicht gekommen» (Joh. 7,30). Und später lesen wir wiederum, daß niemand ihn griff, «denn seine Stunde war noch nicht gekommen» (Joh. 8,20).

Oder nehmen wir Johannes 12,23: «Jesus aber antwortete ihnen und sprach: Die Zeit ist gekommen, daß der Menschensohn verherrlicht werde.» Kurz danach sagt er: «Jetzt ist meine Seele betrübt. Und was soll ich sagen? Vater, hilf mir aus dieser Stunde? Doch darum bin ich in diese Stunde gekommen» (V.27). Im 13. Kapitel lesen wir: «... Jesus erkannte, daß seine Stunde gekommen war ...», und später sagt er weiter: «Siehe, es kommt die Stunde und ist schon gekommen, daß ihr zerstreut werdet, ein jeder in das Seine, und mich allein laßt»

(Joh. 16,32). Einen weiteren, sehr interessanten und wichtigen Satz lesen wir in Lukas 22,53, als er sich an die Obrigkeit wandte, die sich gegen ihn stellte und ihn haßte: «... aber dies ist eure Stunde und die Macht der Finsternis.»

Um Johannes 17,1 richtig zu verstehen, müssen wir all diese Stellen im Gedächtnis behalten. Dann können wir bestimmte Dinge ganz deutlich festhalten. Als erstes können wir sagen, daß diese «Stunde» ganz offensichtlich vorherbestimmt ist. Wir haben bemerkt, daß all die Aussagen in bezug auf diese Stunde etwas durchaus Besonderes und Definitives an sich haben. Wenn er sagt: «Meine Stunde ist noch nicht gekommen», dann sagt er letztlich: «Meine Zeit ist noch nicht gekommen; eure Zeit ist immer hier, aber was mich angeht, gibt es eine bestimmte Zeit. Ihr wollt, daß ich komme und mich offenbare; nein, ihr versteht nicht, daß die Zeit dafür noch nicht gekommen ist.» Unser Herr hatte diese besondere Stunde ständig vor Augen. Das findet man in der ganzen Heiligen Schrift bestätigt.

Dieses ganze Problem mit der Zeit ist ein besonders wichtiger und faszinierender Punkt, ja, manche betrachten ihn als größten und wichtigsten Punkt der Theologie überhaupt, und die Frage, in welchem Verhältnis die Zeit, wie wir sie kennen, zu Ewigkeit und Zeitlosigkeit steht, verursacht mitunter große Verwirrung. Nun, für einen Philosophen mag es vielleicht wirklich ein tiefgründiges Problem sein, aber wenn wir die Heilige Schrift so nehmen, wie sie ist, wird es verhältnismäßig klar und deutlich. Gott hat den Zeitprozeß ins Dasein gebracht und damit festgelegt, daß bestimmte Dinge zu einer bestimmten Zeit stattfinden sollen. Gott ist nicht an die Zeit gebunden, aber er hat angeordnet, daß die Dinge im Bereich der Zeit geschehen sollten. Und so erleben wir im Alten und Neuen Testament, daß Gott Minuten festgesetzt hat.

Nehmen wir zum Beispiel die Sintflut. Gott hatte gesagt: «Mein Geist soll nicht immerdar im Menschen walten» (1. Mose 6,3). Er hatte sich auf einen bestimmten Punkt konzentriert; 120 Jahre, bevor die Sintflut einsetzte, berief er Noah, mit dem Bau der Arche zu beginnen. Er wußte, wann die Flut kommen würde; all diese Dinge liegen vor dem Auge Gottes deutlich und offen zutage.

Und so geschah es, daß Gott, als «die Zeit erfüllt war», seinen Sohn sandte, «geboren von einer Frau und unter das Gesetz getan, damit er die, die unter dem Gesetz waren, erlöste ...» (Gal. 4,3.4). Das ist ein Gedanke, der uns von der Knechtschaft des Lebens in dieser Welt augenblicklich befreit.

Sehen wir uns das Leben von heute an, und studieren wir doch die ganze Weltgeschichte. Betrachtet man sie nur mit dem menschlichen Auge, hat man große Schwierigkeiten, irgendeinen Sinn zu erkennen. Aber sobald wir beginnen, sie im Lichte dieser Lehre über «die Stunde» zu sehen, auch wenn wir nicht alle Einzelheiten verstehen, erkennen wir sofort, daß Gott noch regiert und das Leben in dieser Welt nicht außer Kontrolle ist. Wenn Gottes Zeit kommt, greift er ein, und die ganze Welt muß sich seinem Plan und Ziel beugen.

Darum wissen wir, auch wenn wir die Christenheit verspottet sehen und sie in dieser modernen Welt so gering geachtet wird, auch wenn es den Anschein hat, daß der Feind auf der ganzen Linie triumphiert und Gottes Volk verschmachtet, dennoch mit absoluter Sicherheit und über jeden Zweifel hinaus, daß Gott die Situation in der Hand hat und sich in einem Augenblick erheben und all seine Feinde vernichten kann. «Aber der im Himmel wohnt, lachet ihrer» (Psalm 2,4), wenn er sieht, wie sich diese Zwerge selbst erhöhen, denn er weiß, daß er sie auf ein Wort hin vernichten und von der Bildfläche verschwinden lassen kann.

Es ist wichtig, zu bedenken, daß alles, was geschieht, für unseren Herrn keine Überraschung ist. Das ist der gefährliche Irrtum so vieler Menschen seit dem Aufkommen der Bibelkritik. Man stellt ihn als irdischen Lehrer dar, der sein Volk belehren, zu seinem Standpunkt bekehren und dann beauftragen wollte, diese wunderbare Lehre zu verbreiten. Aber plötzlich, so erzählen diese Leute, brach die ganze Sache nach drei Jahren zusammen. Er hatte nie mit einer solchen Ablehnung gerechnet, sagen sie. Nie hätte er gedacht, daß so etwas geplant worden war. Dies ist das Bild, das uns gemalt wird; und wir empfinden Mitleid mit diesem bleichen Galiläer, diesem unvergleichlichen Lehrer, der mit seinem Idealismus zu früh geboren wurde und mit ansehen mußte, wie sein Werk zunichte gemacht wurde, so daß er schließlich mit gebrochenem Herzen am Kreuz starb.

Doch wie wird das herrliche Evangelium hier ins Lächerliche gezogen! Mein Freund, Christus kam vom Himmel herab und legte seine Herrlichkeit für «diese Stunde» beiseite. Er wußte von Anfang an, was auf ihn zukam. Er kam, um zu sterben. Ohne seinen Tod am Kreuz kann er mich nicht befreien; ohne diesen Tod am Kreuz, ich sage es wiederum mit Ehrfurcht, kann sogar Gott dem Menschen nicht vergeben. Das Kreuz war unbedingt notwendig. Das Kreuz war geplant, bevor die Welt je geschaffen war. Die Stunde, die das Kreuz hervorrief, ist der Dreh- und Angelpunkt der Geschichte. Gott wußte schon immer davon, und der Herr kam gerade deshalb in diese Welt. Laßt uns nie denken, daß diese Stunde für ihn überraschend kam. Es war eine Stunde, die ernannt und bestimmt war.

Laßt uns jetzt zum zweiten Punkt kommen. Diese Stunde war ebenfalls die entscheidende Stunde in der Geschichte seit Weltbeginn. Sie ist in der Tat der Wendepunkt, der alles bestimmt — das größte Ereignis, das sich je in dieser Welt ereignete. Alles führt zu dieser Stunde hin, und alles ist die Folge dieser Stunde. Es ist die Stunde, auf die die ganze Prophetie wartete und auf die die Gemeinde mit ihrer Lehre und Geschichte zurückblickt. Es war der Punkt, von dem alles, was Gott geplant hatte, abhing. Deshalb betete der Herr zu seinem Vater: «Die Stunde ist da: verherrliche deinen Sohn, damit der Sohn dich verherrliche.»

Wenn der Sohn in dieser Stunde versagt hätte, wäre alles umsonst gewesen. Seine Lehre hätte überhaupt keinen Wert gehabt, denn selbst wenn wir versucht hätten, danach zu leben, hätten wir weder die Kraft noch die Macht besessen. Das Gesetz, das er uns gegeben hätte, wäre noch unmöglicher zu halten gewesen als jenes, das Mose uns gab, und hätte uns einer noch größeren Verdammnis ausgesetzt. Darum ist dies die wichtigste Stunde, denn hätte er nicht die Strafe für unsere Sünden getragen, dann hätte er uns nicht erlösen können. Darum liegt gewissermaßen in dieser einen Stunde unsere gesamte Erlösung verborgen.

Manche möchten gern ein anderes Evangelium predigen. Wenn man sie fragt, was das Evangelium ist, antworten sie, es bestünde darin, daß der Herr Jesus Christus die Menschen irgendwie aus ihrer mißlichen Lage herausholt und ihnen neues Leben schenkt. Manchmal erwähnen sie dabei nicht einmal das Kreuz. Meine Freunde, bevor wir ein neues Leben brauchen, benötigen wir Vergebung. Erst muß etwas für die Vergangenheit getan werden, bevor wir in die Zukunft sehen. Du kannst nicht plötzlich beschließen, ein besseres Leben zu führen, ohne dich zuerst mit dem Problem deiner Vergangenheit und Sünde auseinanderzusetzen. Es gibt keine Wiedergeburt, kein neues Leben, außer für jene, denen von Gott vergeben wurde und die in seinen Augen gerechtfertigt sind. Dies ist also die entscheidende Stunde.

Aber mit dieser Stunde ist auch eine gewisse Tragik verbunden. Sie hat etwas Geheimnisvolles. Es ist sehr interessant, mit dieser Erkenntnis im Hintergrund die Evangelien zu lesen. Wir haben bis jetzt verfolgt, wie der Herr dieser Stunde entgegengeht, aber er ist nicht der einzige, der sich darauf vorbereitet. Die Mächte der anderen Seite sind genauso an dieser Stunde interessiert, und man kann den Plan ebenso von ihrer Seite aus verfolgen. Wie heißt es doch in Lukas 22,53: «Aber dies ist eure Stunde ...» Man kann nicht vom Erleben des Herrn lesen, ohne etwas von diesem gewaltigen Kampf zu erkennen. Es stimmt mich sehr traurig zu sehen, wie viele von dem Kampf, der in dieser Welt vor sich geht, nichts bemerken. Wir sind bereit, gegen bestimmte böse Neigungen anzukämpfen, aber neben dem Kampf gegen die Sünde in uns gibt es noch diesen kosmischen Kampf gegen die Sünde.

Die Bibel ist in gewissem Sinne nichts anderes als ein großes Schauspiel, in dem der gewaltige Konflikt zwischen Gott und den Kräften der Hölle dargestellt wird. Da geschah etwas noch vor Beginn der Menschheitsgeschichte — die große Frage über den Teufel und das Böse sowie dessen Ursprung. Wir wissen nicht alles darüber, weil es Gott nicht gefallen hat, es uns zu offenbaren. Aber so viel hat er uns mitgeteilt, daß abgesehen von unserer Geschichte eine Art kosmischer Fall stattgefunden hat. Wie wir wissen, hat eines der größten Engelwesen Gottes gegen ihn rebelliert. Es ist der Teufel, genannt Satan, und sein einziges Ziel ist es, Gott zu besiegen. Was sich in der Bibel vor uns entfaltet, ist der Versuch des Teufels, Gottes Werke zu zerstören und Gott zu besiegen. Gott hatte seine Welt — das Paradies — vollkommen geschaffen, aber der Teufel kam dazu und begann einen Kampf. Er überzeugte den Menschen, daß nicht nur ihm, sondern der ganzen Menschheit und dem gesamten Universum Unrecht geschehen sei.

Und der Kampf geht weiter. Lies deine Bibel mit diesem Konflikt vor Augen, und sie wird für dich ein neues Buch sein. Du wirst sehen, wie selbst Gottes eigenes Volk versagte, weil der Teufel versuchte, es gegen Gott zu wenden. Und selbst als der Sohn Gottes in diese Welt kam, ging der Kampf weiter. Satan versuchte von Anfang, vom Moment seiner Geburt an, ihn zu vernichten. Er beeinflußte den König Herodes und ließ ihn versuchen, dieses Kind, den Messias und Heiland, zu töten. Oder sieh die Boshaftigkeit der Schriftgelehrten und Pharisäer, der Gesetzeshüter, an und den starken Haß, der sie beherrschte, weil sie in ihm den Vertreter Gottes erkannten. Was sagte doch der Teufel ganz deutlich bei einer Gelegenheit: «Ich weiß, wer du bist: der Heilige Gottes!» (Lukas 4,34). Ihnen allen war bewußt geworden, daß sie um ihr Leben kämpften. Der Teufel versuchte ihn in der Wüste; der Teufel kämpfte um sein Leben, und all seine Kräfte waren auf diesen endgültigen Konflikt gerichtet, in dem die beiden Mächte zusammentrafen. Und der Zusammenstoß geschieht in dieser gewaltigen Stunde, als der Sohn Gottes im Begriff ist, sein Leben als Erlösung für viele zu geben. Deshalb müssen wir diese Stunde von beiden Seiten aus betrachten.

Was also meinte der Herr, als er im Garten Gethsemane sagte: «Dies ist eure Stunde und die Macht der Finsternis»? Meine einzige Erklärung ist, daß diese Stunde ohne die Macht der Finsternis niemals stattgefunden hätte. Was machte denn diese Stunde und alles, was damit verbunden ist, notwendig? Die Antwort lautet wieder: «Die Sünde und das Böse.» Es ist die Art Stunde, die der Teufel inszeniert und geschaffen und in gewissem Sinne sogar manipuliert hat, obwohl in einem viel höheren Sinne nicht er es war. Doch es ist das Werk des Teufels, das diese Stunde vom Standpunkt Gottes aus erforderlich machte. Wegen allem, was Satan durch die Sünde und das Böse hervorgerufen hatte, mußte Gott eingreifen.

Genau hier erkennen wir also das wahre Wesen des Bösen und der Sünde. Es ist so furchtbar, daß nichts Geringeres dagegen helfen konnte. Es geht nicht nur um Liebe und Vergebung, es ist das Böse, das auf diese radikale Art bekämpft werden muß. Der Teufel hat eine Lage geschaffen, mit der nur «diese Stunde» fertig werden kann.

Die Stunde kann also als «ihre Stunde» und gleichzeitig als die Stunde der Verherrlichung des Sohnes bezeichnet werden. Deshalb bittet der Sohn den Vater, ihn zu verherrlichen. In dieser Stunde, die durch Satan herbeigeführt wurde, wird er verherrlicht. Deshalb wissen wir nun mit absoluter Gewißheit, daß er der Sohn Gottes ist. Niemand zuvor mußte je Satan gegenübertreten und ihn besiegen. Niemand war je in der Lage gewesen, die Macht zu zerstören, die Satan über den Tod hatte. Der Schreiber des Hebräerbriefes drückt es wie folgt aus: «Damit er durch seinen Tod die Macht nähme dem, der Gewalt über den Tod hatte» (Hebr. 2,14). Durch seine Verherrlichung hat Christus die Kinder freigemacht. Der Tod und die Auferstehung sind der Beweis, daß er der Sohn Gottes ist.

Aber wir wollen nun in aller Ehrfurcht auch noch einen Moment darüber nachdenken, was diese Stunde für den Herrn selbst bedeutete. In Johannes 12,27 hat er uns einen Hinweis gegeben: «Jetzt ist meine Seele betrübt. Und was soll ich sagen? Vater, hilf mir aus dieser Stunde? *Doch darum bin ich in diese Stunde gekommen.*» Er wußte, daß sie kommen würde. Er wußte es schon die ganze Zeit, und jetzt stand er ihr wirklich gegenüber. Aber obwohl seine Seele betrübt war, bat er seinen Vater nicht, ihn aus dieser Stunde zu befreien. Nein, das war unmöglich, denn diese Stunde war der Grund seines Kommens in diese Welt.

«Wenn er von dieser Stunde schon immer gewußt hat», fragt vielleicht jemand, «wenn er wegen dieser Stunde vom Himmel gekommen ist und mit Sicherheit wußte, daß er deswegen aus dem Grab auferstehen und zur Herrlichkeit eingehen würde, warum sagte er dann: Jetzt ist meine Seele betrübt?» In der Tat, jedesmal, wenn der Herr mit seinen Jüngern über seinen herannahenden Tod sprach, erwähnte er gleichzeitig die Auferstehung. Er wußte, daß er wieder auferstehen und zur Herrlichkeit eingehen würde. Der Schreiber des Hebräerbriefes drückt es wie folgt aus: «Der, obwohl er hätte Freude haben können, das Kreuz erduldete.» Wie konnte er von der kommenden Herrlichkeit und dem Triumph der Auferstehung wissen? Wie konnte er zu dieser entscheidenden Stunde kommen, die die Erlösung möglich machen würde, und dennoch sagen: «Jetzt ist meine Seele betrübt» und «Vater, hilf mir aus dieser Stunde»? Was war die Ursache seiner Qual?

Manche meinen, diese Frage sei recht einfach zu beantworten. Sie sagen, es sei nichts weiter als ein körperliches Zurückschrecken vor dem Tod gewesen; er habe zwar von der Herrlichkeit der Auferstehung gewußt, aber der Gedanke an das körperliche Leiden habe ihn belastet, und als Mensch sei er davor zurückgeschreckt. In seinem Körper, in seinem Fleisch schauderte er bei dem Gedanken an seine körperliche Vernichtung. Eine solche Haltung betrachte ich als eine Beleidigung unseres Herrn als Mensch. Sie beweist, daß man nicht begriffen hat, was dort geschah. Nein, dies ist keine Erklärung, denn wenn man sie akzeptiert, macht man unseren Herrn zu einer geringeren Person als die Märtyrer. Die Märtyrer traten dem Tod furchtlos gegenüber, weil sie an das Evangelium von der Auferstehung glaubten. Dabei war ihr Wissen nichts im Gegensatz zu dem Wissen, das unser Herr hatte. Doch es reichte aus, so daß sie ohne Furcht und Zittern mutig zum Scheiterhaufen gehen konnten. Deshalb macht diese Vermutung unseren Herrn zu etwas Geringerem als seine eigenen

Nachfolger und einige seiner eigenen Märtyrer. Nein, solch eine Erklärung ist unmöglich. Es ist eine tragische Blindheit, die uns versuchen läßt, diese Dinge vom menschlichen Standpunkt aus zu betrachten anstatt von der biblischen Lehre.

Wovor schreckte er dann zurück? Was betrübte seine heilige, gerechte Seele? Es war die Tatsache, daß er wußte, was in dieser Stunde geschehen würde. Er wußte, daß der volle Zorn Gottes gegen die Sünde offenbart und über ihn ausgeschüttet werden würde — davor schreckte er zurück. Wenn körperliche Leiden einen mutigen Mann, der vielleicht noch nicht einmal ein Christ ist, nicht erschrecken können, wieviel weniger dann einen Christen oder Märtyrer — und schon gar nicht den Sohn Gottes. Es gab nur eines, wovor der Sohn Gottes zurückschreckte, und das war die Trennung von seinem Vater. Er schreckte vor all dem zurück, was diese Liebe, die von Ewigkeit her zwischen ihnen bestand, unterbrechen könnte. Er schreckte davor zurück, in das Angesicht seines Vaters schauen und dort den heiligen Zorn gegen die Sünde sehen zu müssen, und er wußte, daß er dies in jener Stunde erleben würde. Seine Seele sollte zu einem Sündopfer, er selbst sollte zur Sünde gemacht werden, und wenn Gott in dieser Stunde auf ihn schaute, würde er in ihm nicht den Sohn sehen, an dem er Wohlgefallen hatte, sondern dieses schreckliche, abscheuliche, häßliche Ding — die Sünde.

Nur aus diesem Grunde sagte der Sohn: «Jetzt ist meine Seele betrübt!» Vielleicht dachte er folgendes: «Soll ich ihn bitten, mich von dieser Stunde zu befreien? Nein, denn wenn ich es tue, werde ich den Menschen nicht von all dem Zorn Gottes erlösen, der über mich ausgegossen werden wird. Wegen dieser Stunde bin ich in die Welt gekommen. Gott kann nicht gerecht und gleichzeitig der Rechtfertiger der Gottlosen sein, es sei denn, ich erdulde das Kreuz; und deshalb will ich es tragen!» Was für eine Stunde!

Sein Wissen um das, was mit diesem einen Moment verbunden war, brach sein Herz. Genau das tötete ihn. Unser Herr starb gewissermaßen nicht durch die Kreuzigung, sondern wegen Gottes Zorn über die Sünde, der über ihn ausgegossen wurde. Uns wird berichtet, daß die Soldaten über den schnellen Tod Jesu staunten, als sie zum Kreuz kamen. Die Kreuzigung war normalerweise ein langsamer Tod. Es dauerte lange, bis der Mensch, der gekreuzigt wurde, starb. Aber hier war einer, der schnell gestorben war, und das erstaunte sie. Der Grund dafür war sein gebrochenes Herz. Deshalb war seine Seele betrübt. Es war der Gedanke daran, daß der Vater sich abwenden würde. Deshalb rief er auch am Kreuz aus: «Mein Gott, mein Gott, warum hast du mich verlassen?» Er hat die Sünde wirklich gesehen und ist wahrhaftig zur Sünde gemacht worden. Der ganze heilige Zorn Gottes wurde über ihn ausgeschüttet. Aber er ertrug es alles!

Was für eine Stunde! Begreifen wir jetzt, daß dies die wichtigste Stunde aller Zeiten ist? Wir sprechen von Wendepunkten in der Geschichte, aber sie bedeuten nichts im Vergleich zu dieser Stunde.

Ich möchte noch ein letztes Wort zu den Folgen dieser Stunde sagen, von denen Jesus sehr deutlich in Johannes 12,31 berichtete: «Jetzt ergeht das Gericht über diese Welt» — die ganze Welt. In der besagten Stunde sollten die Sünde und die Welt als das offenbar werden, was sie wirklich sind. Dort wurde ein für allemal klar und deutlich der ganze Zustand der Menschheit ohne Gott gezeigt. Ich bin mir nicht sicher, ob uns dies so bewußt ist, wie es sein sollte. Die Sünde ist etwas so Teuflisches und Verdorbenes, daß sie zu dieser furchtbaren Stunde führte. Wenn der Teufel dich das nächste Mal versucht, denke daran, daß du nicht bloß etwas tust, was du nicht tun solltest. Nein, du begibst dich damit in den Bereich der Sünde, der Gott entgegengestellt ist. Aber das Kreuz legt nicht nur die Sünde in ihrer wahren Natur offen, es kündigt gleichzeitig der ganzen Welt und allem, was zu ihrem Bereich gehört, das Gericht an. Wenn ich nicht glaube, daß sein Tod zu dieser Stunde das einzige Mittel ist, das mich mit Gott versöhnt, werde ich unter dem Zorn Gottes bleiben. Wenn ich nicht erkenne, daß der Zorn Gottes über meine Sünde dort von dem Sohn Gottes getragen wurde, dann stehe ich unter dem Zorn Gottes. Das ist der Kernpunkt des christlichen Evangeliums. Entweder ich glaube, daß meine Sünden am Leib des Gottessohnes bestraft wurden, oder sie werden in mir bestraft werden. Das ist das Gericht der Welt.

Die von Gott getrennte Welt steht unter dem Zorn Gottes. Sie ist verloren und verdammt, und nur er kann sie auf diese Weise retten. Hätte es einen anderen Weg gegeben, dann hätte Gott seinem Sohn all dies erspart. Aber da es keinen anderen Weg der Erlösung gibt als diesen, ist er auch gleichzeitig das Gericht über die Welt. Entweder wir glauben, daß der Herr Jesus Christus uns in dieser Stunde erlöst hat, oder wir bleiben in unseren Sünden und gehören zu der Welt, die verdammt und schließlich gerichtet werden wird. Die Bibel sagt uns, daß er einmal wiederkommen wird, und zwar zum Gericht. Dann wird die Frage lauten: «Gehörst du zu ihm oder nicht?» Die Bücher werden geöffnet; die Namen jener, die an Christus glauben, befinden sich im Buch des Lammes Gottes, und wenn du in seinem Buch stehst, bist du gerettet. Aber die Welt wird verdammt und in den Feuersee geworfen werden. Dieses Gericht wurde schon am Kreuz angekündigt. Obwohl seine Ausführung aufgeschoben wurde und noch immer aufgeschoben wird, gehört jeder, der stirbt, ohne an den Herrn Jesus Christus zu glauben, der Welt an; und über diese Welt ist das Urteil schon gesprochen.

Ebenso wird der Fürst dieser Welt verstoßen werden. Als der Herr am Kreuz starb, da dachte Satan zwar, er habe Christus besiegt, doch er wußte nichts von der Auferstehung. In Wirklichkeit ist er selbst durch Christi Tod besiegt. Als Christus von den Toten auferstand, zerstörte er Mächte und Gewalten und triumphierte über sie durch sein eigenes Kreuz, von dem sie dachten, es sei ihr Meisterstück gewesen. Der Tod, den sie für seine Niederlage hielten, entpuppte sich als der größte Sieg Christi, der schließlich sie verdammen wird. Der Teufel ist in dieser Welt noch sehr aktiv, aber er ist schon besiegt. Er ist gewissermaßen schon verworfen und hat keine Gewalt mehr. Alle, die zu Christus gehören und die der Vater ihm gegeben hat, werden zu ihm gezogen. Der Teufel ist schon besiegt und wird in den Feuersee geworfen und für immer und ewig vernichtet werden.

Was für eine Stunde! Oh, daß der Heilige Geist unsere Augen öffnen möge, damit wir etwas von diesen Dingen erkennen. Wir reden viel von historischen Ereignissen. Diese Stunde gehört in die Zeit, sie gehört in die Geschichte. Sie ist keine Idee, keine schöne Theorie, die sich Menschen in ihrer Phantasie ausgedacht haben. Diese Dinge sind tatsächlich geschehen, und es gilt, daß der Sohn Gottes in diese Welt kam und diese Stunde wegen meiner Sünden durchlebte. Wenn ich das glaube, dann weiß ich, daß dies die Stunde ist, die mich von der ewigen Verdammnis erlöst hat. Doch wenn ich es nicht glaube, bleibe ich verdammt. Unser Herr drückt es in Johannes 12,47.48 wie folgt aus: «Denn ich bin nicht gekommen, daß ich die Welt richte ... Das Wort, das ich geredet habe, das wird ihn richten ...» Obwohl er nicht gekommen ist, um zu richten, fällt er dennoch ein Urteil. Wir können ihm nicht entgehen. Teufel und Welt sind durch diese Stunde gerichtet.

Oh, möge Gott uns gnädig sein, die Sünde so zu sehen, wie sie wirklich ist. Wir können diesen Dingen gegenüber nicht gleichgültig bleiben, denn wenn wir sie glauben, wird unser Lebensweg davon bestimmt sein. Wenn ich all das glaube, wie kann ich dann der Sünde gegenüber gleichgültig sein? Nein, der Eine, der dies für mich getan hat, verdient mein Leben, meine Seele, mein Alles. Er muß mein Herr und mein Meister sein. Ich wiederhole es noch einmal: Versagen im christlichen Leben bedeutet, die Bedeutung dieser Stunde und der Sünde nicht wirklich zu erkennen. Es bedeutet, nicht zu erkennen, was er für dich gelitten hat, und nicht zu erkennen, welche Folgen es hat, wenn du nicht an ihn glaubst. Gebe Gott uns deshalb Gnade, über diese Stunde, diese erstaunliche, alles entscheidende Stunde nachzudenken, in der das Ziel unserer Erlösung durch den Sohn Gottes in seiner furchtbaren Seelenqual und in seinem Leiden am Kreuz für uns erlangt und vollendet wurde.

Kapitel neun

Das ewige Leben

Johannes 17,2

Niemandem, der das Neue Testament liest, kann entgehen, daß es sich um ein poetisches Dokument handelt. Trotz der tragischen Dinge, die es zu berichten hat, durchzieht ein Klang des Sieges und des Jubels das gesamte Neue Testament. Man findet ihn in den Evangelien, in der Apostelgeschichte und in den Briefen. Unser Herr nahm sich sogar im Schatten des Kreuzes viel Zeit, seinen Nachfolgern zu zeigen, wie sie trotz der Geschehnisse, die ihm widerfahren würden, dennoch voller Freude sein könnten. Er teilte ihnen mit, daß er ihnen eine Freude geben würde, die ihnen niemand nehmen könne. Eine kurze Zeit würden sie wegen seiner Kreuzigung traurig sein, aber schon bald würden sie diese Freude empfangen, die die Welt nicht verstehen und ihnen auch niemals nehmen könne. Die Apostelgeschichte ist sicherlich eines der erfrischendsten Bücher, die je geschrieben wurden. Trotz allem, was ihnen geschah, standen die ersten Christen im öffentlichen Interesse und eroberten die ganze Welt, voller Freude und Jauchzen. In allen Briefen an diese Christen findet sich die Aufforderung, sich zu freuen. Das ist der Grundton des Neuen Testamentes, und dasselbe finden wir durch alle Zeiten hindurch. Wo immer Menschen über ihre Erlösung nachdachten, führte sie das zum Staunen, Loben und Preisen. In den Kirchenliedern der vergangenen Jahrhunderte ist diese Melodie ständig zu erkennen. Und die Freude, von der hier die Rede ist, sollte jeder Christ erleben. Ein unglücklicher Christ ist gewissermaßen ein Widerspruch in sich selbst. Ein Christ ist ein Mensch, der sich freuen soll, der mit Staunen, Lob und

Bewunderung erfüllt ist, wenn er das große Werk der Erlösung betrachtet. Und er freut sich auch in schweren Lagen, denn das Evangelium Christi will uns nicht nur glücklich machen, wenn alles gut geht. Gott sei Dank! Es macht uns fähig, auch in Trübsal und großer Not froh zu sein. Das ist sein Ziel, und das sollte unsere Erfahrung sein. Wenn wir ehrlich sind, dann müssen jedoch viele zugeben, daß dies häufig nicht der Fall ist. Die Erklärung dafür liegt wiederum in unserer Unfähigkeit, die Größe der Erlösung zu begreifen und zu verstehen.

Wir haben bisher versucht, aus der Sicht Gottes zu betrachten, wie die Erlösung in den Gedanken des ewigen Gottes vor Grundlegung der Welt geplant und das Werk zwischen Vater, Sohn und Heiligem Geist aufgeteilt wurde. Wenn jemand von all den Dingen, die wir betrachtet haben, noch immer unberührt ist und darüber weder ins Staunen noch ins Wundern gekommen ist, noch erkannt hat, daß es sich hier um die köstlichste und wunderbarste Sache der Welt handelt, neben der alles andere zu absoluter Bedeutungslosigkeit verblaßt, dann ist es, so wie ich das Neue Testament verstehe, höchste Zeit, sich ernsthaft zu fragen, ob er überhaupt ein Christ ist. Wenn jemand über die Erlösung aus der Sicht Gottes nachdenken kann, ohne deren Größe zu empfinden, dann verstehe ich ihn nicht. Auch wenn man vieles nur verschwommen und ansatzweise erkennen kann, müssen diese Dinge doch unser Denken in Aufruhr bringen und unser ganzes Sein beherrschen.

Doch wir wollen noch einen weiteren Aspekt betrachten. Ich denke, es gibt noch eine zweite Erklärung dafür, daß wir uns nicht so freuen, wie der Christ es sollte, und das liegt daran, daß wir die Erlösung auch von *unserer* Seite aus nicht richtig verstehen. Das ist eigentlich erstaunlich. Wenn wir das Neue Testament lesen und erkennen, was das Evangelium von Jesus Christus wirklich bedeutet, und wir uns selbst, unser Leben und unsere Erfahrung betrachten, dann sehen wir diese gewaltige Kluft. Darum wollen wir uns fragen: «Warum enthalten wir uns selbst so viel vor? Uns wird all dieser Reichtum angeboten. Warum sind wir so arm?»

Das ist ein Problem, das uns alle betrifft. Würde uns jemand weltliche Reichtümer anbieten, dann würden wir uns nicht lange bitten lassen, sie in Empfang zu nehmen und zu besitzen. Aber hier wird uns der größte aller Reichtümer angeboten, die Fülle Gottes, die Schätze der Gnade und Weisheit, die Gott für uns in den Herrn Jesus Christus gelegt hat, die ganze Fülle, von der das Neue Testament spricht, und trotzdem bleiben wir in einem Zustand der Armut und Not. Wir sind halbherzig und unruhig. Wir schmuggeln uns so durch, anstatt uns dieses größten aller Reichtümer zu bedienen. Warum? Das ist die große Frage. Warum brauchen wir Christen diese Ermutigungen und Ermahnungen?

Die Bibel gibt uns die Antwort. Unsere Sünde ist daran schuld. Wir haben einen mächtigen Feind und Gegner unserer Seelen, dessen größtes Ziel es ist, nicht nur Gott seiner Herrlichkeit, sondern auch Gottes Kinder der Dinge zu berauben, die Gott für sie bereitgestellt hat. Und während er uns der Segnungen beraubt, beraubt er auch Gott seiner Herrlichkeit, denn Gottes größter Reichtum in dieser Welt ist sein Volk. Gott bringt sein Lob und seine Herrlichkeit vor allem in seinen Kindern zum Ausdruck, d.h. wenn Gottes Kinder kleinlaut, unschlüssig, unglücklich und unsicher sind, wird Gott seiner Herrlichkeit beraubt. Gerade deshalb strengt der Teufel sich so an. Die Heilige Schrift sagt uns, daß er ständig versucht, sich zwischen uns und die volle Erkenntnis dessen zu stellen, was Gott für uns in Christus bereitgestellt hat.

Er kämpft und arbeitet uns entgegen. Er läßt unsere Kräfte träge werden. Er entmutigt uns und bindet uns an die Erde.

Deshalb bin ich der Meinung, Ziel einer christlichen Predigt sollte es nicht nur sein, uns vor diesen Dingen zu warnen, sondern uns auch klar und deutlich die Größe der Erlösung darzulegen. Wenn wir sie nur aus Gottes wie aus unserer Sicht richtig erkennen, dann können wir dem Teufel mit all seinen Einflüsterungen widerstehen, und er wird sich von uns fernhalten. Die beste Möglichkeit, den Teufel zu besiegen, besteht wirklich darin, das Leben, das uns im neutestamentlichen Evangelium angeboten wird, zu ergreifen, damit du und ich ewiges Leben haben können.

Der Plan von Ewigkeit her, das Ablegen der Herrlichkeit, die Menschwerdung, die Geburt in Bethlehem, alles, was Christus während der 33 Jahre seines Erdenlebens erduldete, sein Predigen, seine Wunder, sein Tod am Kreuz, seine Auferstehung, die Himmelfahrt, die Ausgießung des Heiligen Geistes — all das geschah, damit du und ich ewiges Leben haben können! Hier steht er nun am Ende und betet zu dem Vater: «Die Stunde ist da: verherrliche deinen Sohn, damit der Sohn dich verherrliche; denn du hast ihm Macht gegeben über alle Menschen, damit er das ewige Leben gebe allen, die du ihm gegeben hast.»

Was genau ist nun das ewige Leben, von dem er hier spricht? Jeder, der das Neue Testament liest, erkennt sofort, daß es sich dabei um das eine, zentrale Thema handelt, vor allem im Johannesevangelium. Doch auch in seinen Briefen betont Johannes es immer wieder. Nehmen wir nur den berühmten Vers aus Johannes 3,16: «Also hat Gott die Welt geliebt, daß er seinen eingeborenen Sohn gab» — warum? —, «damit alle, die an ihn glauben, nicht verloren werden, sondern das ewige Leben haben.» «Ich bin gekommen ...» Warum? Warum hat er die Himmelshöfe verlassen? Warum hat er sich gedemütigt?

Warum wurde er in der Gestalt des sündigen Fleisches gesandt? Die Antwort ist: Damit «sie das Leben und volle Genüge haben sollen» (Joh. 10,10). In Johannes 6 wiederholt er diesen Gedanken immer wieder.

Auch Paulus betont dies, wenn er sagt: «Denn der Sünde Sold ist der Tod; die Gabe Gottes aber ist das ewige Leben in Christus Jesus, unserm Herrn» (Röm. 6,23). «So auch ihr, haltet dafür, daß ihr der Sünde gestorben seid und lebt Gott in Christus Jesus» (Röm. 6,11). Dieses Thema sollten wir genauer betrachten, obwohl es so umfassend ist, daß ich es hier nur kurz streifen kann, und kein Mensch in der Lage ist, es in nur einer Predigt vollständig zu behandeln.

Der erste Grundsatz, den ich nennen möchte, lautet, daß das Wesen und der Zweck der Erlösung das ewige Leben ist.

Wer ist ein Christ? Was ist das Christentum? Nach dem Neuen Testament ist der ein Christ, der das ewige Leben besitzt. Vielleicht sollten wir uns jetzt einmal fragen, warum wir solch eine geringe Meinung über das Christentum und das christliche Leben haben. Was denkt der normale Durchschnittsbürger über die Christen, und was macht jemanden zu einem Christen?

Es gibt viele kuriose Antworten auf diese Frage. Manche scheinen zu denken, daß es mit dem Herkunftsland zu tun hat. Sie sprechen von christlichen und nichtchristlichen Ländern, als ob ein ganzes Land christlich sein könnte. Andere meinen, man ist Christ, wenn man getauft wird, ob als Kind oder als Erwachsener. Andere wiederum denken dabei an Gemeindezugehörigkeit, an Formalitäten, an einen Namen in einem Register, das zeigt, daß man zu einer Gemeinde oder Institution gehört. Wieder andere glauben, ein guter Lebenswandel, die Nachfolge Jesu und der Versuch, seine Lehre in die Tat umzusetzen und auch andere Menschen dahin zu bringen, Jesu Beispiel zu folgen und dem vollkommenen Meister nachzueifern, mache einen zum Christen. Letzteres ist meiner Meinung nach noch die beste Definition, zu der man aus sich selbst heraus gelangen kann.

Aber nach dem Neuen Testament hat man damit noch nicht begonnen, jemanden zu einem Christen zu machen. Die Welt erkennt oft sehr schnell, was an den Behauptungen der Menschen, die sich Christen nennen, wirklich dran ist. Ich habe einmal gelesen, daß in der Vergangenheit viele Chinesen die gewöhnlichen Ausländer Christen nannten, aber einige nannten sie «Jesusmenschen». In der Regel betrachteten sie alle, die aus dem Westen nach China kamen, als Christen, weil sie aus den sogenannten christlichen Ländern stammten und die meisten von ihnen auch behaupteten, Christen zu sein. Die Chinesen jedoch erlebten sie meist als Trunkenbolde und Ehebrecher. Und wenn dies das Christentum war, dann wollten sie es nicht haben. Aber sie begegneten auch anderen Menschen, die aus denselben Ländern kamen und sich ebenfalls Christen nannten. Diese lebten ein reines und frommes Leben. Sie schienen darauf bedacht, den Menschen zu helfen, und waren so ganz anders, und der Chinese begann sie «Jesusmenschen» zu nennen, weil sie dem Herrn Jesus ähnlich zu sein schienen.

Das ist eine Möglichkeit der Unterscheidung. Aber ich möchte noch einen Schritt weitergehen. Es ist nicht genug, an die Sündenvergebung zu glauben, um ein Christ zu sein! Die Menschen, die ich eben beschrieben habe, mögen noch nicht einmal von der Sündenvergebung gesprochen haben. Das war für sie nicht das Unterscheidungsmerkmal. Das Wesentliche und der Zweck der christlichen Erlösung ist das ewige Leben:

«Denn du hast ihm Macht gegeben über alle Menschen.» — Warum? Damit ihre Sünden vergeben würden? Nein! — «Damit er das ewige Leben gebe allen, die du ihm gegeben hast.» Darin besteht der Unterschied.

Es ist vielleicht wichtig, daß wir einen Blick auf die Beziehung zwischen diesen beiden Punkten werfen. Ich habe den Eindruck, daß viele in die Irre gehen und sich zahlreiche Irrlehren in die Gemeinde eingeschlichen haben, weil wir diese Wahrheit nicht erkennen. Es besteht in der Tat ein direkter Zusammenhang zwischen der Vergebung der Sünden und dem ewigen Leben. Nie dürfen wir meinen, wir könnten das ewige Leben haben, solange wir uns nicht mit der Sündenvergebung befaßt haben. Ich kenne viele Leute, die sagen, an Rechtfertigung oder Heiligung seien sie nicht interessiert. Doch damit schaden sie sich selbst, denn das Neue Testament lehrt uns, daß Rechtfertigung und Vergebung absolut notwendig sind, um überhaupt das ewige Leben empfangen zu können. Wenn wir vergessen, daß die Liebe Gottes zuallererst über die Vergebung und Rechtfertigung zu uns kam, dann erliegen wir einem falschen Mystizismus. Wir täuschen uns selbst und geraten auf einen Weg, der schon viele in größtes Leid und Unglück geführt hat. Obwohl die Erlösung nicht mit der Vergebung endet, so beginnt sie doch damit; es gibt keine Abkürzung zum ewigen Leben. Es geht über die Gnade, Reue, Rechtfertigung und Annahme vor Gott. Ewiges Leben ist nicht dasselbe wie Rechtfertigung; es basiert darauf. Mit der Rechtfertigung wird der Grund vorbereitet.

Ich will das veranschaulichen. Denken wir an irgendein Gebäude, das im Krieg beschädigt wurde und nun zerfallen dasteht. Bevor ein neues Haus auf dem Grundstück gebaut werden kann, müssen erst die Ruinen abgerissen werden. Der Schutt muß weggeschafft und der Platz geräumt werden. Genauso ist es im christlichen Leben, in der geistlichen Erfahrung. Man kann nicht das ewige Leben von Gott empfangen, bevor nicht die Trümmer der Sünde weggeräumt sind, und diese können nur durch den Tod des Herrn Jesus Christus am Kreuz beseitigt werden. Wir müssen mit Gott versöhnt werden, bevor wir von ihm neues Leben empfangen können. Wir müssen von unserer Sünde und Schuld gereinigt werden, bevor er uns segnen kann. Soweit also der Zusammenhang zwischen diesen beiden Punkten. Wenn man das Leben von Gott ohne die Vergebung suchen will, dann begibt man sich auf den Pfad des Mystizismus. Auf der anderen Seite darf man aber auch nicht mit der Rechtfertigung aufhören, denn sie ist die Basis, die uns überhaupt dazu berechtigt, Gott um das ewige Leben zu bitten. John Wesley fand seine Lieblingsdefinition für Christentum in dem Titel eines Buches, das im 16. Jahrhundert von dem Schotten Henry Scougal geschrieben wurde: «*Das Leben Gottes in der Seele des Menschen.*» Das ist es! Der Besitz des ewigen Lebens in der eigenen Seele!

Der zweite Grundsatz ist, daß uns allen von Natur aus dieses Leben fehlt, wir besitzen es nicht. Achtet darauf, was der Herr sagt: «Damit er das ewige Leben gebe allen, die du ihm gegeben hast.» Ohne dieses Geschenk haben wir dieses Leben nicht, das ist eine der Grundaussagen des Neuen Testamentes. «Auch ihr wart tot durch eure Übertretungen und Sünden, in denen ihr früher gelebt habt nach der Art dieser Welt, unter dem Mächtigen, der in der Luft herrscht, nämlich dem Geist, der zu dieser Zeit am Werk ist in den Kindern des Ungehorsams. Unter ihnen haben auch wir alle einst unser Leben geführt in den Begierden unsres Fleisches und taten den Willen des Fleisches und der Sinne und waren Kinder des Zorns von Natur, wie auch die andern» (Eph. 2,1-3).

Das ist der Zustand des Menschen, solange er die Gabe unseres Herrn Jesus Christus nicht empfangen hat.

Wie aber sind wir in diese Lage gekommen? Es ist wichtig, daß wir die Wahrheit über uns erkennen, denn wenn wir es nicht tun, sind wir «tot durch Übertretungen und Sünden», und das Evangelium hat uns nichts zu sagen, außer uns von dieser Tatsache zu überzeugen. Die Frage lautet also: «Wie konnte der Mensch je in solch einen Zustand gelangen?» Die Antwort lesen wir in 1. Mose 3 — ein sehr wichtiges Kapitel. Es gibt heute so viele, die meinen, sie könnten Christ sein und die ersten Kapitel von 1. Mose beiseite lassen. «Das muß man nicht glauben», sagen sie, «die Wissenschaft hat das alles widerlegt.»

Laßt uns sehen, ob eine solche Einstellung haltbar ist oder nicht. Ich meine vielmehr, daß alle biblischen Aussagen in einem engen Zusammenhang stehen und wir niemals die wahre Bedeutung der Erlösung erfahren werden, solange wir die Natur des Menschen nicht vollkommen erkannt haben. Nach der Heiligen Schrift besteht das Problem des natürlichen Menschen nicht darin, daß er unvollkommen, sondern daß er *tot* ist. Die Evolution lehrt uns, daß sich der Mensch aus dem tierischen Stadium entwickelt. Zwar trägt er noch immer gewisse tierische Züge, aber er macht Fortschritte zur Vollkommenheit hin. Das Problem ist nur, daß er sich bis jetzt noch nicht hoch genug entwickelt hat. Wenn das wahr wäre, müßte ich einen großen Teil aus meiner Bibel herausschneiden. Ich müßte alle die Stellen vermeiden, die von den «Kindern des Zorns» sprechen. Die Bibel sagt mir, daß ich nicht nur unvollkommen und unzulänglich bin; ich bin inwendig böse und stehe unter dem Zorn Gottes. Ich bin auf ewig verdammt. Und das behauptet nicht Paulus. Der Herr Jesus Christus selbst hat gesagt: «Wer an den Sohn glaubt, der hat das ewige Leben. Wer aber dem Sohn nicht gehorsam ist, der wird das Leben nicht sehen, sondern der Zorn Gottes bleibt über ihm» (Joh. 3,36). Niemand hat dies deutlicher gelehrt als unser Herr selbst, und deshalb sagte er: «Ich bin gekommen, damit sie das ewige Leben haben.»

Die beste Erklärung dafür finden wir, wie schon gesagt, im ersten Buch Mose. Hier wird uns berichtet, daß Gott den Menschen vollkommen schuf. Er blies ihm den Lebensodem ein, und der Mensch wurde eine lebendige Seele. Adam erhielt etwas von dem Leben Gottes und freute sich daran. Aber Gott hatte dem Menschen gesagt, er müsse gehorsam sein, wenn er dieses Leben behalten wollte. Er durfte von allen Bäumen des Gartens essen, nur nicht von dem Baum der Erkenntnis des Guten und Bösen. Aber der Mensch wurde ungehorsam, obwohl ihn Gott davor gewarnt hatte, was geschehen würde. Gott hatte gesagt: «Aber von dem Baum der Erkenntnis des Guten und Bösen sollst du nicht essen; denn an dem Tage, da du von ihm issest, mußt du des Todes sterben.» Und dieser Tod ist nicht nur physischer, sondern vielmehr geistlicher Natur. Er bedeutet den Verlust der Gemeinschaft mit Gott.

Als der Mensch ungehorsam wurde, war das Band zwischen ihm und Gott gebrochen; und die Stimme Gottes machte ihm angst, obwohl er sich bis dahin gefreut hatte, sie im Garten zu hören. Doch damit nicht genug. Gott warf den Menschen aus dem Garten und stellte Cherubim mit flammenden Schwertern vor den Eingang, um ihn daran zu hindern, zu dem vollkommenen Leben zurückzugehen. Auf seine eigene Macht und Stärke zurückgeworfen, ist der Mensch zu geistlichem Tod verdammt. Er verliert den Kontakt mit Gott und das ewige Leben. Von nun an ist er ein Geschöpf ohne Gotteskenntnis. Er lebt in Unwissenheit. Er wird in der Tat zum Feind Gottes. Er ist, wie die Bibel lehrt, für geistliche Dinge tot. Er freut sich nicht am Gebet und sieht auch keinen Sinn darin; die Lehre ist ihm bloße Theorie und hat keinen

Bezug zu seinem Leben. Die Bibel lehrt uns, daß ein solcher Mensch in seinem Wesen und Leben die Eigenschaften des Teufels offenbart; Feindschaft gegen und Haß auf Gott sind seine schlimmsten Züge.

Der Sündenfall ist darum meiner Meinung nach ein wesentliches Element der biblischen Lehre von der Erlösung. Der Mensch hat das ewige Leben verloren, er steht nun unter dem Urteil und Zorn Gottes und braucht die Gabe des Lebens. Diese Wahrheit steht ausdrücklich in 1. Kor. 15 niedergeschrieben: «Denn wie sie in Adam alle sterben, so werden sie in Christus alle lebendig gemacht werden»; in Römer 5 steht dasselbe. Wir können das Werk des Herrn Jesus Christus nicht richtig verstehen, es sei denn, wir verstehen die Lehre von dem Sündenfall. Wir brauchen kein menschliches Verständnis, das uns sagt, wir müßten nur noch ein bißchen höher die Leiter hinaufklettern. Nein! Wir müssen vom Zorn Gottes befreit werden. Es ist die Folge des Sündenfalls, daß der Mensch in Übertretungen und Sünden tot ist.

Ewiges Leben ist ein Geschenk von Gott. Das wird uns durch die Worte unseres Herrn sehr deutlich: «Damit er das ewige Leben gebe allen, die du ihm gegeben hast.» Die ganze Bibel durchzieht eine vollkommene Logik und Ganzheit. Wenn man auch nur über einen Teil strauchelt, sind alle anderen Teile betroffen. Obwohl geistlich tot, versuchte der Mensch, das Leben Gottes zu leben. Aber er konnte es nicht aus sich selbst heraus erzeugen, das ist unmöglich und war ihm auch nicht erlaubt — da war das flammende Schwert, das ihm den Rückweg versperrte. Niemand kann sich selbst zu einem Christen machen!

Man kann sich das ewige Leben auch nicht verdienen. Es spielt gar keine Rolle, welche guten Taten man vollbringt. Das ewige Leben läßt sich nicht gewinnen. Ein Mensch, der sein ganzes

Leben damit verbracht hat, gute Werke zu tun, hat nicht mehr Anspruch auf das ewige Leben als der ausschweifendste Vagabund. Du sagst vielleicht, du gehst gern in den Gottesdienst und tust Gutes, aber ich sage dir, daß du dich selbst verurteilst, wenn du auf diese Dinge vertraust. All unsere Gerechtigkeit ist wie ein «beflecktes Kleid», unsere größten Tugenden sind in den Augen Gottes häßlich und dumm, denn sie sind alle von der Sünde befleckt. «Die Gabe Gottes aber ist das ewige Leben in Christus Jesus, unserm Herrn» (Röm. 6,23); «Denn aus Gnade seid ihr selig geworden durch Glauben, und das nicht aus euch: Gottes Gabe ist es» (Eph. 2,8). Die Botschaft des Neuen Testamentes ist die Botschaft von der Gnade Gottes. Das ewige Leben ist ein Geschenk an Sünder, die es nicht verdient haben. Wir haben nur dann ewiges Leben, wenn wir es als Geschenk annehmen.

Es gibt noch einen Punkt zu klären, daß nämlich nur einer uns dieses Geschenk geben kann, und zwar der, der hier betet: «Denn du hast ihm Macht gegeben über alle Menschen, damit er das ewige Leben gebe allen, die du ihm gegeben hast.» Nur Christus kann uns ewiges Leben geben. Es gibt viele Menschen in dieser Welt, die gern ewiges Leben hätten, aber nicht Christus in den Mittelpunkt stellen wollen. Sie schreiben darüber sogar Bücher. Eines der bemerkenswertesten Beispiele war sicher Aldous Huxley. Zunächst ein Skeptiker, begann er zu glauben, daß nur der Mystizismus die Welt retten könne. Deshalb wurde er Buddhist. Er glaubte, daß es so etwas wie ein ewiges Leben von Gott gibt und daß wir so ein Leben brauchen. Die Schwierigkeit ist nur, daß wir es nicht besitzen. Aber die Menschen meinen, sie könnten es aus sich selbst heraus erlangen, ohne den Herrn Jesus Christus überhaupt zu erwähnen. Sie sagen, man könne es erhalten, wenn man sich ins Absolute versenkt, wenn man meditiert und sich im Ewigen verliert.

Ich möchte nicht herzlos klingen. Ich denke, es ist nicht schlecht, wenn Männer und Frauen zu erkennen beginnen, daß der Mensch allein ungenügend ist. Aber die wichtige Frage ist doch, wie man es erkennt? Es ist möglich, sich ins Herz des Ewigen zu versenken, aber das kann mancherlei eigenartige Formen annehmen. Manche sagen, daß du Gott sofort kennen und sein Leben teilen kannst, so wie du bist; du müßtest, wenn du ein Bedürfnis nach Gott verspürst, nichts weiter tun, als dich an ihn zu wenden, und er werde mit dir reden — Jesus Christus wird dabei nicht einmal erwähnt.

Aber nur er allein kann ewiges Leben geben. Er behauptet es hier, und die Heilige Schrift sagt es überall: «Denn du hast ihm Macht gegeben über alle Menschen, damit er das ewige Leben gebe ...» Niemand sonst kann den Menschen ewiges Leben geben außer ihm. Wenn es eine andere Möglichkeit gegeben hätte, warum ist er dann auf die Erde gekommen? Warum hat er als Zimmermann gearbeitet? Warum ertrug er das alles? Warum der Tod am Kreuz? Warum das Leid, die Schande und der blutige Schweiß? Es gibt keinen anderen Weg, der ganze Heilsplan dreht sich um ihn. Er allein ist der Geber des ewigen Lebens, und wenn wir es anderswo suchen, dann schaden wir uns selbst. Ich will nicht abstreiten, daß wir dabei auch manche Erfahrungen machen. Mein Auftrag ist es aber, zu verkündigen, daß es sich, wenn wir unser Glück nicht durch den Sohn Gottes empfangen haben, nicht um das wahre Leben von Gott handelt. Dann sind wir Opfer einer furchtbaren Täuschung geworden, ganz gleich, welche Erleichterung und Freiheit, welche Leitung und Wunder wir erfahren haben mögen. Eines Tages werden wir aufwachen und entdecken, daß er und nur er allein der Geber und Überbringer des ewigen Lebens ist.

Kapitel zehn

Der einzig wahre Gott

Johannes 17,2-3

Wir haben gemeinsam betrachtet, daß das höchste Ziel unserer Erlösung die Gabe des ewigen Lebens ist und sie von dem dreieinigen Gott geplant wurde. Uns ist bewußt geworden, daß wir sie wegen unserer Sünde von Natur aus nicht besitzen, da wir durch Übertretungen und Sünden tot sind (Eph. 2,1). Wir müssen das ewige Leben als eine Gabe empfangen, denn wenn auch unser Verhalten moralisch gut sein mag, kann es uns niemals ewiges Leben schenken.

Der Unterschied zwischen Christsein und Nichtchristsein ist nicht der eines Ranges, sondern ein qualitativer, wesensmäßiger, d.h. daß sich sogar der «unwürdigste» Christ in einer besseren Lage befindet als der beste Mensch ohne Christus. Vielleicht versteht man das am besten, wenn man an eine verwandtschaftliche Beziehung denkt. Es ist, wenn man so will, eine Frage des Blutes. Das niedrigste und unwürdigste Mitglied einer königlichen Familie ist, vom gesellschaftlichen Standpunkt aus betrachtet, in einer vorteilhafteren Lage als der gesellschaftlich hochstehendste und begabteste Mensch, der nicht zur Familie gehört. Jemand außerhalb der königlichen Familie mag viel gebildeter sein und einen edlen Charakter haben, dennoch steht er bei allen staatlichen oder anderen großen Anlässen weit hinter dem niedrigsten und unwürdigsten Mitglied der königlichen Familie. Nicht durch Talent oder Erfolg erreicht man diesen Stand, sondern nur durch Blutsverwandtschaft. Dasselbe sagt das Neue Testament über den Christen. Er ist Teilhaber der göttlichen Natur und befindet sich in einer gänzlich neuen Verwandtschaft; er besitzt eine neue Natur; eine neue Lebensordnung ist in ihn eingedrungen.

Wir haben weiterhin gesehen, daß allein der Herr uns all dies geben kann. Wenn er in seinem hohenpriesterlichen Gebet Gott bittet, ihn zu verherrlichen, dann sagt er mit anderen Worten: «Wenn du mich nicht verherrlichst, d. h. wenn du mich nicht befähigst, ein Träger der Schuld und der Sünde der ganzen Welt zu sein, dann wird die ganze Menschheit in ihren Übertretungen und Sünden tot bleiben.» Er fleht seinen Vater regelrecht an, ihn zu verherrlichen, damit er das ewige Leben geben kann. Jeder Versuch, an Christus vorbei zu Gott gelangen zu wollen und Gemeinschaft mit ihm zu haben, ist ein Fallstrick und eine Täuschung.

Wir wollen uns jetzt einigen praktischen Fragen zuwenden. Wir haben erkannt, daß der Christ ewiges Leben besitzt. Was genau ist nun dieses Leben, und wie können wir es erhalten? Ich möchte mit der zweiten Frage beginnen, da sie in den Versen, die wir betrachten, beantwortet wird. Vers 3 sagt: «Das ist aber das ewige Leben, daß sie dich, der du allein wahrer Gott bist, und den du gesandt hast, Jesus Christus, erkennen.» Handelt es sich hier um eine Erklärung dessen, was ewiges Leben bedeutet, oder um eine Beschreibung des Weges, auf dem wir ewiges Leben erlangen?

Grundsätzlich sind meiner Meinung nach beide Erklärungen richtig, aber dennoch stimme ich eher jenen zu, die behaupten, es handle sich um eine Beschreibung des Weges, auf dem das ewige Leben erlangt werden kann. Nun hat Johannes seinen eigenen Schreibstil und liebt solche Formulierungen. In Johannes 3,19 sagt er: «Das ist aber das Gericht, daß das Licht in die Welt gekommen ist, und die Menschen liebten die

Finsternis mehr als das Licht ...» Achten wir auf die Parallele zu unserem Vers 3: «Das ist aber das ewige Leben, daß sie dich, der du allein wahrer Gott bist, und den du gesandt hast, Jesus Christus, erkennen.» Es handelt sich um denselben Ausdruck, so daß wir Johannes 3,19 wahrscheinlich problemlos zur Interpretation dieses Verses heranziehen können.

Laßt es mich verdeutlichen. Wenn Johannes sagt: «Das ist aber das Gericht», gibt er uns eigentlich keine Erklärung, was das Gericht ist. Er teilt uns eher dessen Ursache mit: «... daß das Licht in die Welt gekommen ist, und die Menschen liebten die Finsternis mehr als das Licht ...» Und unser Vers 3 in Johannes 17 kann vermutlich auf dieselbe Weise ausgelegt werden. Das ist es, was ewiges Leben verursacht oder zu ihm führt — «daß sie dich, der du allein wahrer Gott bist, und den du gesandt hast, Jesus Christus, erkennen.» Es gibt bei Johannes noch andere Beispiele. In seinem ersten Brief sagt er: «Dieser ist der wahrhaftige Gott und das ewige Leben» (1. Joh. 5,20). Damit meint er: «Dieser ist der wahrhaftige Gott und der Ursprung ewigen Lebens», wobei er sich wieder auf den Herrn Jesus Christus bezieht. Wir haben es hier also hauptsächlich mit einer Beschreibung des Weges oder Mittels zu tun, wie das ewige Leben erlangt wird. Anstatt eine Erklärung zu geben, wird vielmehr der Ursprung gezeigt. Dennoch ist es, wie ich schon sagte, sehr schwierig, beides voneinander zu trennen: das, was mir ewiges Leben gibt, ist ewiges Leben an sich, denn indem ich das Mittel dazu erhalte, habe ich auch schon das ewige Leben empfangen.

Wir wollen deshalb den Mechanismus betrachten, durch den das ewige Leben zu uns kommt. Gott gebe, daß wir erkennen mögen, daß dies nicht nur unser größtes Bedürfnis ist, sondern auch das wunderbarste Vorrecht, das uns je widerfahren kann. Indem er uns sein ewiges Leben schenkt, gibt Gott uns auch das Recht und die Autorität, Söhne und Töchter Gottes zu werden, damit wir in Tat und Wahrheit Teilhaber der göttlichen Natur werden können und uns jeden Augenblick an diese Verwandtschaft mit Gott erinnern dürfen, die uns zu Erben Gottes und Miterben Christi macht. Gott hat uns seine Natur gegeben, und weder Tod noch das Grab können uns unser Erbteil rauben. Das bedeutet nicht nur ein umgewandeltes Leben hier auf dieser Erde, sondern ist auch eine Garantie für all die wunderbaren Dinge in der zukünftigen Welt.

Wie erhalten wir nun das ewige Leben? In Johannes 17 wird uns mitgeteilt, daß dies letztlich eine Frage der Gotteserkenntnis ist. Diesen Gedanken finden wir überall in der Heiligen Schrift. Gott muß von uns erkannt werden! Es gibt keine Möglichkeit, ewiges Leben zu empfangen, ohne ihn zu kennen. Genau das sagt Johannes in seinem ersten Brief. Er ist inzwischen ein alter Mann und steht kurz vor seinem Tode. Er schreibt den Menschen, daß es sein Wunsch sei, sie glücklich zu sehen. Sie sollten die gleiche Freude teilen, die sein Herz erfüllt. Es gibt eine Freude, die in diesem Leben möglich ist, sagt er. Es ist eine Freude, die auf der Gemeinschaft mit Gott beruht. «Unsere Gemeinschaft ist mit dem Vater und mit seinem Sohn Jesus Christus» (1. Joh. 1,3). Die neutestamentlichen Schreiber wiederholen sich ständig beim Erwähnen dieser wunderbaren Tatsache. Wer irgend etwas von dieser innigen Gemeinschaft mit Gott weiß, kann nicht aufhören, davon zu sprechen. Wir können alle immer wieder über Dinge reden, die uns interessieren, aber hier geht es um das Wichtigste — um das ewige Leben, um die Erkenntnis Gottes und die Gemeinschaft mit ihm. Kein Wunder, daß sich die Autoren der Bibel immer wiederholen!

Wie lernen wir nun Gott kennen? Der Herr gliedert diese Frage in zwei Grundgedanken, die ich nur kurz betrachten möchte. Zum einen sagt er: «Das ist aber das ewige Leben, daß sie dich, der du allein wahrer Gott bist, ... erkennen.» Er betont damit, daß wir ganz sicher sein müssen, daß der Gott, an den wir glauben und von dem wir behaupten, ihn zu kennen, der einzig wahre Gott ist. Indem er die Worte «allein» und «wahren» gebraucht, stellt er sich über alles und warnt offensichtlich vor Götzen und falschen Göttern.

Im Neuen Testament wird darüber viel gesprochen. Johannes beendet seinen ersten Brief mit der Aussage: «Kinder, hütet euch vor den Abgöttern.» Es ist das letzte Wort dieses alten Mannes in seinem Abschiedsbrief an die jungen Gemeinden. Er beginnt mit der Feststellung, daß nichts wichtiger ist als die Gemeinschaft mit Gott dem Vater und seinem Sohn Jesus Christus. Dann fährt er fort, vor bestimmten Irrlehren zu warnen, und schließt mit den Worten: «Hütet euch vor den Abgöttern.» Diese Warnung ist heute noch genauso nötig wie im ersten Jahrhundert. Ich wiederhole: Wir müssen ganz sicher sein, daß der Gott, den wir anbeten, der einzig wahre und lebendige Gott ist. Auch Paulus erinnert die Thessalonicher daran, wie sie sich, als er ihnen zum ersten Mal das Evangelium predigte, von den Abgöttern bekehrten, «zu dienen dem lebendigen und wahren Gott» (1. Thess. 1,9). In Apostelgeschichte 17 wird uns vom Besuch des Paulus in Athen erzählt. Diese kultivierte Stadt war voller Tempel, die den verschiedensten Göttern, wie z.B. Merkur, Jupiter und Mars, geweiht waren. Die Einwohner Athens waren gewissermaßen überreligiös. Aber sie besaßen auch einen Tempel, der «dem unbekannten Gott» gewidmet war. Trotzdem kannten sie den wahren Gott nicht. «Nun verkündige ich euch, was ihr unwissend verehrt» (Apg. 17,23). Darum geht es in der Bibel — um den einzig wahren und lebendigen Gott.

Wir beten heute vielleicht nicht diese alten heidnischen Gottheiten an, aber wir neigen dazu, philosophische Gedanken auf die gleiche Weise zu vergöttern, wie die Einwohner Athens es taten. Heute schreiben Menschen in sehr gelehrter Weise über die Grundsätze des Lebens, über den Ursprung und das Ende alles Seins sowie das Leben im Universum. Für so viele ist Gott nur ein rein abstraktes Wesen, nichts als ein philosophisches Konzept. Wenn sie von Gott reden, sprechen sie von einer Art philosophischem X. Gott ist für sie irgendeine große Kraft oder Energie. Die Bibel warnt uns überall vor solchen Lehren. Wie im Gebet unseres Herrn zu seinem Vater fordert sie uns ständig auf zu erkennen, daß es nur *einen* wahren Gott gibt.

Es gibt bestimmte Dinge, die wir über ihn wissen müssen, bevor wir mit ihm Gemeinschaft haben und von ihm Leben empfangen können. Wir müssen glauben, daß er eine Person ist. Dies ist eine sehr schwierige Vorstellung, aber dennoch von entscheidender Bedeutung. Gott sagt: «Ich bin, der ich bin.» Gott ist Gott, und deshalb ist er eine Person. Der Verfasser des Hebräerbriefes erwähnt dies in einem sehr wichtigen Abschnitt seines Briefes. Er spricht über das Glaubensleben und das Geheimnis bestimmter Menschen, wie z. B. Mose, die als große Helden durch die Welt gingen, die ihr Leben meisterten und alle anderen weit überragten. Was aber war ihr Geheimnis? Der Glaube und die Gemeinschaft mit Gott! Aber um diese vollkommene Gemeinschaft mit Gott zu erleben, gibt es eine Bedingung: «Denn wer zu Gott kommen will, der muß glauben, daß er ist und denen, die ihn suchen, ihren Lohn gibt» (Hebr. 11,6).

Wenn du zu Gott kommst und ihn wirklich kennenlernen und ihm gefallen willst, dann komme nicht mit der Haltung: «Welcher Gott auch da sein mag.» Nein, «wer zu Gott kommen will, der muß glauben, daß er ist und denen, die ihn suchen, ihren Lohn gibt.» Das ist der Anfang. Gott ist ein lebendiger Gott. Er ist kein Konzept, kein abstraktes Wesen oder ein Begriff in einer philosophischen Kategorie. Lest, was uns im Alten Testament von den falschen Göttern, die die Leute anbeteten, berichtet wird. Ich empfehle Jesaja 46, wo der

Prophet den falschen Gott Baal lächerlich macht, den die törichten Kinder Israel anbeteten. Sie mußten ihn von einem Ort zum anderen tragen, weil er nicht gehen konnte! Doch warum sollte man solch einen Gott anbeten wollen, wenn es doch einen Gott gibt, der dich tragen will? Das war Jesajas Frage. Oder denken wir an die Schilderung der falschen Götter in Psalm 115: «Sie haben Ohren, und hören nicht, sie haben Nasen, und riechen nicht ... Die solche Götzen machen, sind ihnen gleich, alle, die auf sie hoffen» (Verse 6-8).

Hier haben wir eines der herrlichsten Beispiele für Sarkasmus in der ganzen Heiligen Schrift.

Gott ist ein lebendiger Gott! Er ist der Schöpfer! Bei allem Reden von Gott dem Heiland dürfen wir niemals Gott den Schöpfer vergessen. Gott ist unser Heiland, aber er ist auch der Herr des Universums. Er ist der Eine, der gesagt hat: «Es werde Licht! Und es ward Licht.» Er hat alles ins Leben gerufen. Er thront in den Himmeln, und alles liegt zu seinen Füßen.

Wir müssen aber auch seinen Charakter studieren. «Gott ist Licht», erklärt Johannes, «und in ihm ist keine Finsternis» (1.Joh. 1,5). Bevor wir das nächste Mal auf die Knie fallen und beginnen, mit ihm zu sprechen, bevor wir sein Angesicht und das Leben suchen, das er gibt, sollten wir uns all diese Dinge in Erinnerung rufen. Wir sollten uns die Größe, Majestät und Macht ins Gedächtnis rufen und nicht vergessen, daß er das Leben ist und heilig und gerecht und von einer solchen Reinheit, daß er das Böse nicht einmal anschauen kann. Denke daran, daß du es mit dem Richter der ganzen Welt zu tun hast. All das kommt in dem kleinen Satz «der allein wahre Gott» zum Ausdruck. Er ist nicht wie diese falschen Götter, diese abstrakten Gebilde. Ihr tretet in die Gegenwart des ewigen und lebendigen Gottes. Er ist der, der ist und schon immer war, der große Ich Bin von Ewigkeit zu Ewigkeit. Solange wir diese Wahrheit in unseren Gedanken und in unserem Verstand nicht klar erfaßt haben, ist unser Gebet nichts weiter als ein verzweifeltes Schreien. Gott hat sich die Mühe gemacht — wenn ich mich so ausdrücken darf —, sich uns zu offenbaren. Das ist der Kern des Alten Testamentes, und deshalb haben wir kein Recht, unwissend vor Gott zu treten. Wir müssen von dem Wissen Gebrauch machen, das er uns gegeben hat. Er ist ein eifriger Gott, womit er seine persönliche Eigenschaft betont, und wird es nicht zulassen, daß wir neben ihm noch andere Götter haben: «Du sollst den Herrn, deinen Gott, anbeten und ihm allein dienen» (Luk. 4,8). Wir müssen uns deshalb die Mühe machen, uns dieses Wissen anzueignen. Wir müssen um diese Offenbarung kämpfen und dann zu Gott kommen und glauben, daß er ist. Es geht nicht darum, daß wir seine vollkommenen Eigenschaften verstehen. Wir sollten uns nur klarmachen, daß wir mit dem Einen reden, der sich selbst Vater genannt hat und der möchte, daß wir in dieser Weise zu ihm kommen.

Aber damit hört es nicht auf. «Denn wer zu Gott kommen will, der muß glauben, daß er sei», ja, aber er muß ebenfalls glauben, daß er «denen, die ihn suchen, ihren Lohn gibt» (Hebr. 11,6). In Johannes 17 wird es wie folgt ausgedrückt: «Das ist aber das ewige Leben, daß sie dich, der du allein wahrer Gott bist, und den du gesandt hast, Jesus Christus, erkennen.» Dies ist offensichtlich ein entscheidender Gedanke, und es bedeutet, daß wir ihn nicht nur als den allein wahren Gott erkennen müssen, sondern auch als den Gott unseres Heils. Wenn wir ihn nicht als solchen erkennen, werden wir niemals das ewige Leben von ihm erhalten. Laßt es mich erklären. Wir haben gesehen, daß die erste Warnung unseres Herrn gegen die falschen Götter gerichtet ist — eine Warnung an die Heiden; die zweite Warnung gilt den Juden und jenen, die sich Gott nur im Sinne des Alten Testamentes vorstellen und immer noch zu ihm kommen, als sei das Neue Testament uns nie gegeben. Sie kennen Gott nur vom Standpunkt des Gesetzes aus. Sie sind nie im Bewußtsein seiner Gnade zu ihm gekommen. Deshalb berauben sie sich selbst der größten Segnungen der Erlösung.

Das ist das Wunderbare an unserer Bibel. Wir haben das Alte und Neue Testament. Beide sind wichtig. Es ist falsch, nur das Alte Testament als gültig zu erklären, wie es fast genauso verkehrt ist, nur das Neue Testament anzunehmen. Es war der Heilige Geist, der die erste Gemeinde dazu veranlaßte, das Alte neben dem Neuen Testament auszulegen. Wir dürfen nie vergessen, daß Gott der Schöpfer auch der Heiland ist; wie er andererseits nicht nur der Heiland, sondern auch der einzige Schöpfer ist.

Hier jedoch ist Gott das Leben gemeint, nicht nur Gott, wie er in und aus sich selbst ist, sondern in seinem Verhältnis zur Welt und besonders in seinem Verhältnis zum Menschen. Wenn wir uns Gott nähern, muß uns bewußt sein, daß er seinen vollkommenen und barmherzigen Plan mit dem Menschen offenbart hat und daß seine Beweggründe Liebe, Gnade, Güte und Mitleid sind. Nur in dem Herrn Jesus Christus und durch ihn können wir dies vollkommen erkennen. «Das ist aber das ewige Leben, daß sie dich, der du allein wahrer Gott bist, *und* den du gesandt hast, Jesus Christus, erkennen.» Diese Wahrheit ist eine absolute Notwendigkeit. Darum sagte der Herr: «Ich bin der Weg, die Wahrheit und das Leben; niemand kommt zum Vater denn durch mich» (Joh. 14,6). Er ist der Weg zu Gott, er ist die Wahrheit über Gott, und ohne das Leben, das er uns gibt, werden wir nie göttliches Leben empfangen oder kennenlernen. Es gibt keine Erkenntnis Gottes ohne Christus. Durch ihn kommt diese wirklich wahre und rettende Erkenntnis, die erlösende Gemeinschaft.

Natürlich ist jedes Wort in diesem Satz von höchster Bedeutung. Beachten wir doch, was uns dieser Vers über den Herrn Jesus Christus zu sagen hat: «Daß sie dich, der du allein wahrer Gott bist, und den du gesandt hast, Jesus Christus, erkennen.» Sofort wird uns mitgeteilt, daß er Gott gleich ist; der Mensch Jesus Christus wird auf dieselbe Stufe mit dem allein wahren und lebendigen Gott gestellt. Von einigen törichten Menschen wie zum Beispiel den Unitariern wird zwar versucht, diese Aussage zu benutzen, um ihre Theorie zu belegen. Sie behaupten, daß es nur einen Gott gebe und Jesus Christus nicht Gott sei, und sie stützen sich dabei auf diese Bemerkung Christi. Aber sie vergessen die wichtige Tatsache, daß der Eine, der diese Worte aussprach: «der allein wahre Gott, und ... Jesus Christus», sich sofort auf dieselbe Stufe mit Gott stellt. Er ist Gott gleich; er ist wie Gott ewig. Er ist selbst Gott — Gott der Sohn, von Ewigkeit her im Schoß des Vaters. Wir sind also völlig im Recht, wenn wir behaupten, Gott sei nicht nur ewig und wahrhaftig, sondern könne auch nur in dem Einen und durch den Einen völlig erkannt werden, der sich hier selbst mit Gott gleichstellt.

Der Name *Jesus* erinnert uns überdies daran, daß dieser ewige Sohn Gottes Mensch wurde. Aber der Mensch Jesus ist auch Gott — Gott gleich.

Und er ist Jesus *Christus, das* bedeutet der Messias, der Eine, der auserkoren wurde, dieses besondere Werk zu tun, nämlich Menschen zu Gott und Gottes Leben zu den Menschen zu bringen. Sehen wir nun, wie diese gewaltige Lehre hier für uns in drei Worten zusammengefaßt wird — «und Jesus Christus». Hier haben wir es in Kurzform — das höchste Ziel ist es, diesen einzig wahren Gott kennenzulernen; und das tun wir, wenn wir Jesus Christus kennen.

Unser Herr sagt weiter: «Gerechter Vater, die Welt kennt dich nicht; ich aber kenne dich, und diese haben erkannt, daß du mich gesandt hast» (Vers 25). Weil sie wissen, daß du mich gesandt hast, kennen sie den Vater und haben das ewige Leben.

Jesus Christus offenbart uns Gott wie kein anderer: «Niemand hat Gott je gesehen; der Eingeborene, der Gott ist und in des Vaters Schoß ist, der hat ihn uns verkündigt» (Joh. 1,18). Er hat ihn kundgetan, er hat uns von ihm gesagt. Aber wie wir gesehen haben, ist er noch weiter gegangen. Er hat ihn nicht nur offenbart, er hat auch die Dinge aus dem Weg geräumt, die uns von der Gemeinschaft mit ihm abhielten. Er hat die Trennung durch die Sünde beseitigt. Hätte er es nicht getan, würde uns alle Erkenntnis und Offenbarung nichts nützen.

Ich möchte noch einen letzten Schritt machen, bevor wir zum Schluß kommen. Wir haben bis jetzt gesehen, daß die Erkenntnis Gottes auf diesen Aussagen beruht. Sie stützt sich zuallererst auf die alttestamentliche Offenbarung Gottes, auf den Gott, der sich von all den heidnischen Göttern und Götzen unterscheidet, auf den allein wahren Gott, der sich in den Zehn Geboten, im Gesetz und den Propheten offenbart. Dann betrachten wir die Offenbarung des Herrn Jesus Christus und alles, was er offenbart hat und ihn sagen läßt: «Wer mich sieht, der sieht den Vater» (Joh. 14,9). Er hat die Trennung durch die Sünde beseitigt, das, was zwischen uns und Gott steht und unsere Augen und unseren Verstand für den Anblick Gottes blind macht.

Aber der Herr Jesus Christus geht sogar noch einen Schritt weiter. Er gibt uns ewiges Leben in einem noch tieferen Sinne. Er schenkt uns nicht nur Gotteserkenntnis, sondern auch göttliches Leben. Dies, sagt Johannes, ist der wahre Gott, das ewige Leben. Wir haben auch gelesen, wie Paulus es ausdrückt: «Denn wie sie in Adam alle sterben, so werden sie in Christus alle lebendig gemacht werden» (1. Kor. 15,22). Dies ist wirklich eine gewaltige Aussage. Wir sind alle gefallen, denn wir sind alle «in Adam». Adam war der erste Mensch, der Vater des Menschengeschlechts, und er steht für die ganze Menschheit. Als Adam fiel, fielen alle Menschen. Wir sterben, weil wir in Adam sind und wegen allem, was wir von ihm geerbt haben.

Dagegen hält nun das Neue Testament den Herrn Jesus Christus. Jeder wahre Christ, so lehrt es uns, ist mit Christus verwandt, so wie jeder natürliche Mensch mit Adam verwandt ist. Das heißt mit anderen Worten, wenn wir Christen sind und an den Herrn Jesus Christus glauben, dann sind wir in ihn einverleibt und Teil von ihm. Wir haben Anteil an seinem Leben; wir sind aus ihm geboren. Wir sind genauso in ihm, wie wir in Adam waren. Das ist das besondere Werk des Heiligen Geistes. Er macht uns lebendig und bewirkt unsere Wiedergeburt. Er vereint uns mit Christus und macht uns zu einem Teil seines Lebens. Als Teilhaber dieses Lebens empfangen wir die Gabe des ewigen Lebens. Deshalb ist seine Person so wichtig. Er gibt uns ewiges Leben, indem er sich uns selbst gibt. Durch diese geheimnisvolle Vereinigung mit Christus, durch die Verbindung mit ihm, werden wir Teilhaber seines eigenen Lebens. Wir sind Teilhaber der göttlichen Natur und haben Gemeinschaft mit Gott, und das Leben Gottes dringt in unsere Seelen.

Das ist das ewige Leben. Das ist das Mittel zum ewigen Leben, «daß sie dich, der du allein wahrer Gott bist, und den du gesandt hast, Jesus Christus, erkennen.»

Wenn wir diesen Christus kennen und an ihn glauben, haben wir ewiges Leben. Dann sind wir Kinder Gottes.

Kapitel elf

Ein neuer Grundsatz

Johannes 17,2-3

Wenn wir an die beiden vorangegangenen Kapitel zurückdenken, sollten wir uns die Frage stellen: Besitze ich ewiges Leben? Habe ich die Gabe des ewigen Lebens empfangen? Das ist die wichtigste Frage, die wir uns in diesem Leben stellen können, denn von unserer Antwort darauf hängt unser ewiges Schicksal ab. Es ist die Botschaft der Bibel von Anfang bis Ende. Sie spricht von einem Tag des Gerichts, an dem bestimmte Bücher geöffnet werden, und wenn unsere Namen nicht im Lebensbuch des Lammes geschrieben stehen, d.h. wenn wir nicht Besitzer des ewigen Lebens sind, werden wir der Vernichtung, Verurteilung und ewigen Strafe preisgegeben. Es ist die wichtigste aller Angelegenheiten, nicht nur im Blick auf unser ewiges Schicksal, sondern auch in bezug auf unser irdisches Leben, die Freude und den Erfolg in dieser Welt im höchsten Sinne.

Wir haben gesehen, daß ewiges Leben nur durch die Erkenntnis Gottes im Herrn Jesus Christus möglich ist und daß er uns fähig macht, Gott zu erkennen, indem er sich uns selbst durch den Heiligen Geist mitteilt.

Vielleicht sollte ich noch etwas auf das Wort «erkennen» eingehen — «daß sie dich *erkennen*» —, damit deutlich wird, daß es sich hier nicht nur um ein intellektuelles Wissen handelt. Der Ausdruck «erkennen» ist ein starkes und kräftiges Wort. Er bedeutet nicht nur, daß einem etwas bekannt ist; es handelt sich um etwas viel Tieferes. Als Gott durch den Propheten

Amos zu den Kindern Israel sprach, da sagte er: «Aus allen Geschlechtern auf Erden habe ich allein euch erkannt» (Amos 3,2). Das heißt natürlich nicht, daß Gott sich der Existenz anderer Völker nicht bewußt war; das Wort «erkennen» bedeutet so viel wie: «Nur dich habe ich auf eine vertraute Weise gekannt; ihr seid gewissermaßen das einzige Volk, an dem ich besonderes Interesse habe.» In dieser Bedeutung wird das Wort «erkennen» in der ganzen Heiligen Schrift gebraucht. Die Erkenntnis Gottes, von der unser Herr hier spricht, beinhaltet nicht nur ein bloßes Glauben an die Existenz und das Vorhandensein Gottes, sondern auch eine lebendige Vergegenwärtigung seiner selbst in unserem Leben. Es ist eine lebendige Erkenntnis, und wir müssen aufpassen, daß wir diesem Wort nicht eine Bedeutung zukommen lassen, der dieser erhabene Beiklang fehlt.

Wir haben gesehen, wie wir das ewige Leben empfangen. Wenn jemand Gott nicht auf diese vertraute Weise in Christus kennt, dann besitzt er es nicht. Ewiges Leben hat eher etwas mit Lebensqualität als mit bloßer Quantität oder Dauer zu tun. Das bedeutet nicht, daß Länge oder Dauer keine Rolle spielen. An erster Stelle steht jedoch die Frage nach der Qualität. Christus drückt es so aus: «Ich bin gekommen, damit sie das Leben und *volle Genüge* haben sollen» (Joh. 10,10). Laut der Heiligen Schrift wird uns also eine Art Leben angeboten, das uns schon jetzt in dieser Welt zur Verfügung steht und über den Tod und das Grab hinaus bis in alle Ewigkeit reicht. Das ist mit ewigem Leben gemeint.

Beide Aspekte bedürfen nun der näheren Betrachtung. Auf der einen Seite kann der Christ schon hier auf dieser Erde etwas von dem eigentlichen Leben der Herrlichkeit empfangen. Der Apostel Paulus spricht davon in Römer 8,23. Er betrachtet sich als einen von denen, die die «Erstlingsgabe» empfangen oder, wie er sagt, eine Art Vorgeschmack erhalten haben.

Es ist wie die erste Lese der Ernte. Man geht in den Garten und pflückt die ersten Himbeeren. Die volle Ernte wird bald kommen, aber hier geht es um die erste Rate. Man hat die ersten Früchte — den Vorgeschmack. Man hat nicht alles, aber man hat eine Handvoll von dem, was man am Ende in voller Fülle empfangen wird. Genauso empfängt der Christ das ewige Leben, und es ist sicher eines der bemerkenswertesten und erstaunlichsten Dinge, daß wir schon hier auf der Erde etwas von dem himmlischen Leben und der Herrlichkeit erfahren können.

Auf der anderen Seite haben wir den Faktor Zeit. Obwohl wir dieses Leben bereits hier auf dieser Erde empfangen, gibt es, weil wir im Fleisch leben und weil die Sünde jeden Teil unseres Lebens verdorben hat, eine Art Grenze. Der Apostel Paulus macht dies in seinem Brief an die Korinther deutlich: «Wir sehen jetzt durch einen Spiegel ein dunkles Bild...» (1. Kor. 13,12). Wir sehen alles in Rätseln. Doch hören wir, wie es weitergeht: «... dann aber von Angesicht zu Angesicht.» Im Moment erkennen wir alles nur verzerrt. Wir sehen das Richtige, aber «dunkel». Dann werden wir es sehen, wie es ist. «Dann aber werde ich erkennen, wie ich erkannt bin!» «Jetzt erkenne ich stückweise!» Es besteht ein Unterschied, sagt Paulus, zwischen dem Wissen eines Kindes und dem einer erwachsenen Person. Das Kind besitzt gewissermaßen ein richtiges Wissen, aber es ist einfach und unvollkommen. «Als ich ein Kind war, da redete ich wie ein Kind und war klug wie ein Kind; als ich aber ein Mann wurde, tat ich ab, was kindlich war» (1. Kor. 13,11). Ein solcher Unterschied besteht zwischen dem ewigen Leben in dieser Welt und dem ewigen Leben, so wie wir es in der Herrlichkeit genießen werden. Es handelt sich um das gleiche Leben, nur ist es hier stückweise und unvollkommen wie «ein dunkles Bild».

Laßt uns die beiden Elemente festhalten. Gott möchte, daß wir Christen uns dessen ständig bewußt sind. Auch Christus erfreute sich des ewigen Lebens, während er hier auf Erden war. Das, was er uns anbietet und schenkt, ist etwas von diesem Leben — «damit er das ewige Leben gebe allen, die du ihm gegeben hast.»

Im Neuen Testament wird uns dies auf eine sehr persönliche Weise nahegebracht. Es heißt dort, daß wir Söhne oder Kinder Gottes werden, wenn wir dieses Leben besitzen. «Denn ihr seid alle Gottes Kinder», sagt Paulus in Galater 3,26. Im ersten Brief sagt Johannes, daß wir «von Gott geboren» sind (1. Joh. 5,1), und in seinem Evangelium (Joh. 3,8) lesen wir, daß wir «aus dem Geist geboren» sind. Der Apostel Petrus beschreibt es, indem er sagt, daß wir Anteil bekommen an der göttlichen Natur (2. Petr. 1,4) — eine bemerkenswerte Aussage. An einer anderen Stelle sagt er, daß wir «wiedergeboren» sind (1. Petr. 1,3) — neu erschaffen also. All diese und noch andere Begriffe werden im Neuen Testament gebraucht, um uns eine Vorstellung von der Qualität und Art des ewigen Lebens zu geben. Der Herr Jesus ist in die Welt gekommen, um dieses wunderbare Leben zu schenken. Darum ging er ans Kreuz, wurde begraben und stand wieder auf — damit du und ich Kinder Gottes sein können, von Gott geboren, Teilhaber der göttlichen Natur und Empfänger des neuen Lebens.

Allerdings müssen wir darauf achten, daß wir hier nichts falsch interpretieren. Es bedeutet nämlich nicht, daß wir göttlich werden. Wir hören nicht auf, Mensch zu sein. Wir werden nicht zu Göttern umgewandelt. Solch großen Begriffen dürfen wir niemals solch eine Bedeutung zukommen lassen. Ich sage dies so deutlich, weil einige Mystiker die Linie überschritten und gelehrt haben, uns werde die göttliche Natur eingeflößt. In der Tat finden wir diese Auffassung häufig in der römisch-katholischen Lehre. Es handelt sich um die Lehre von der Transsubstantiation. Sie ist jedoch nicht biblisch und hat einen Beigeschmack von Mönchs- und griechischer Philosophie. Wir wollen sehr vorsichtig sein, damit wir in diese Begriffe nicht die Bedeutung hineinlegen, daß wir tatsächlich göttlich würden. Obwohl Teilhaber der göttlichen Natur, sind wir noch immer Menschen.

Ich würde sogar noch weitergehen: Selbst wenn wir eines Tages im Himmel, wenn unsere menschlichen Körper verherrlicht und alle Spuren der Sünde beseitigt sind und wir ihn von Angesicht zu Angesicht sehen und sein werden wie er, werden wir noch immer Menschen sein. Christus ist Gott-Mensch. Wir aber werden niemals Gott-Menschen sein. Wir bleiben Mensch, allerdings verherrlicht und vollkommen. Doch wir werden nicht in Götter verwandelt werden.

Dies ist natürlich alles schwer zu verstehen, und ich vermute, daß wir es in diesem Leben auch gar nicht vollständig verstehen sollen. Um sicherzugehen, daß wir uns richtig ausdrücken, könnten wir etwa folgendes sagen: Was mit uns geschieht, wenn wir das ewige Leben empfangen, ist etwas ganz Neues, das in unser Leben und in unsere Erfahrung einzieht. Die Schrift sagt, wir würden neue Menschen, neue Kreaturen. Das Neue Testament spricht vom neuen und alten Menschen und fordert uns auf, den alten Menschen ab- und den neuen anzulegen. Ein neues Lebensprinzip nimmt von uns Besitz. Es bewirkt eine umfassende Veränderung und schenkt uns eine neue Lebensqualität und ein neues Wesen. Dieses neue Prinzip wirkt in uns eine neue Natur und hat eine ganz neue Einstellung zur Folge, so daß wir, wenn wir das ewige Leben empfangen haben, mit Paulus sagen können (und er weiß hier genau, was er meint): «Darum ist jemand in Christus, so ist er eine neue Kreatur» — eine neue Schöpfung —, «das Alte ist vergangen, siehe, Neues ist geworden» (2. Kor. 5,17).

Ich bin versucht, an diesem Punkt ein Wort darüber zu sagen, in welchem Verhältnis dieses neue Prinzip zu den natürlichen Eigenschaften und Fähigkeiten des Menschen steht, denn das bereitet vielen Schwierigkeiten. Sie fragen sich: «Was geschieht, wenn ein Mensch dieses neue Leben empfängt? Was geschieht, wenn er wiedergeboren wird? Wird ihm dann eine ganz neue Veranlagung oder eine Reihe von neuen Eigenschaften gegeben?» Die Antwort ist natürlich «Nein». Er erhält eine neue Einstellung, die all seine Anlagen beeinflußt. Ich will erklären, was ich meine. Dieses neue Prinzip ist unabhängig von unseren Eigenschaften, es kommt von außen in uns hinein, jedoch befähigt es uns, sie auf ganz neue Weise zu gebrauchen. Das ist aus folgendem Grund sehr wichtig: Das christliche Leben bzw. der Empfang des ewigen Lebens geschieht gänzlich unabhängig von unseren natürlichen Fähigkeiten und Qualitäten. Dafür wollen wir Gott danken, denn wir sind alle verschieden. Wir unterscheiden uns z. B. intellektuell. Einige sind mit einem größeren Verstand geboren als andere; einige sind besser in der Lage zu lesen und zu verstehen, was sie lesen, als andere. Im Blick auf unsere Neigungen und Fähigkeiten besteht von Natur aus eine endlose Vielfalt. Das Herrliche an diesem ewigen Leben ist jedoch, daß es zu jedem Menschen kommen kann. Mit seinen individuellen Qualitäten hat es absolut nichts zu tun. Der Dümmste kann das neue Lebensprinzip genauso empfangen wie der Klügste, und er kann ebenso geistlich sein.

Selbstverständlich jedoch kann es von den natürlichen Fähigkeiten Gebrauch machen. Deshalb beruft Gott, wenn er einen großen Lehrer des Evangeliums senden möchte, zum Beispiel einen Mann wie den Apostel Paulus. Paulus war aber nicht mehr Christ als die unwissendste Person in der Gemeinde von Korinth. Es ist das *Prinzip*, auf das es ankommt! Wir dürfen das Ganze nicht nur vom Verstand und unseren Fähigkeiten aus betrachten; es geht um etwas viel Besseres und Herrlicheres. Deshalb auch konnte Paulus in 1. Kor. 1,21 sagen: «Denn weil die Welt, umgeben von der Weisheit Gottes, Gott durch ihre Weisheit nicht erkannte, gefiel es Gott wohl, durch die Torheit der Predigt selig zu machen, die daran glauben.» Gott gebraucht die Unwissenden und vernichtet durch sie die Weisen; er nimmt die Schwachen und vernichtet durch sie die Starken. Das ewige Leben betrifft den ganzen Menschen. Doch es ist äußerst interessant, nun zu beobachten, wie es das Verständnis geistlicher Dinge beeinflußt. Nach der Heiligen Schrift ist der natürliche, unbekehrte Mensch geistlich tot. Was ich hier sage, klingt vielleicht sehr hart. Doch wenn es unter uns jemanden gibt, dem diese Dinge, von denen ich spreche, wirklich gänzlich bedeutungslos sind, dann heißt das, so wie ich die Heilige Schrift verstehe, daß dieser Mensch geistlich tot ist und das ewige Leben nicht empfangen hat. «Der natürliche Mensch aber vernimmt nichts vom Geist Gottes; es ist ihm eine Torheit ...» (1. Kor. 2,14). Es bedeutet ihm nichts. Es kommt ihm wie eine Fremdsprache vor, und es langweilt ihn.

In 1. Korinther 2 behandelt Paulus dies im einzelnen. Er sagt, daß wir als Christen nicht «den Geist der Welt, sondern den Geist aus Gott» empfangen haben. Ohne den Geist werden wir diese Dinge niemals erkennen. «Was kein Auge gesehen hat», sagt er, «und kein Ohr gehört hat und in keines Menschen Herz gekommen ist, was Gott bereitet hat denen, die ihn lieben» (Vers 9). Die Dinge, von denen Paulus hier spricht, beziehen sich nicht auf Dinge im Himmel, sondern hier auf Erden. «Uns aber hat es Gott offenbart durch seinen Geist; denn der Geist erforscht alle Dinge, auch die Tiefen der Gottheit» (Vers 10). Wie wunderbar! Die Herrscher dieser Welt verstehen dies nicht, und laßt uns nicht vergessen, daß er damit nicht nur die gekrönten Könige meint. Er meint ebenfalls die Philosophen und Griechen, die nach Weisheit suchten und sie anbeteten. Wenn Paulus sagt, daß die Fürsten dieser Welt den Herrn Jesus Christus nicht kennen, bedeutet das, daß sie die Wahrheit nicht verstehen oder begreifen, weil sie geistlich tot sind. Sie folgen ihren natürlichen Kräften und Fähigkeiten und nähern sich auch diesen geistlichen Dingen mit ihrem natürlichen Verstand und sehen nichts in ihnen. Und er fährt fort, daß sie niemals irgend etwas davon erkennen werden, es sei denn, sie empfangen das Licht des Geistes. «Der geistliche [Mensch] aber beurteilt alles» — was bedeutet, daß er versteht und alle Dinge beurteilen kann — «und wird doch selber von niemandem beurteilt» (Vers 15). Der Christ ist dem Nichtchristen ein Rätsel; er versteht sich ja selbst nicht ganz. Er besitzt ein Verständnis und eine Einsicht, die der andere nicht hat.

Dann haben wir die wunderbare Aussage am Ende des Kapitels: «Denn wer hat des Herrn Sinn erkannt, oder wer will ihn unterweisen?» Und Paulus gibt eine wunderbare Antwort: «Wir aber haben Christi Sinn.» Er meint damit nicht, daß wir das vollkommene Wissen haben, über das Christus verfügt. Er will vielmehr sagen, daß wir unser geistliches Wissen von Christus selbst haben. Er hat es uns gegeben, und wir haben es als Geschenk von ihm erhalten. Der Sinn Christi ist einer der Aspekte des ewigen Lebens. Es bedeutet, daß der erneuerte Mensch, jener, der die Gabe des ewigen Lebens erhalten hat, nun auch ein Interesse an geistlichen Dingen zeigt. Der wiedergeborene Mensch beginnt sich auf neue Weise zu sehen. Ihm wird klar, daß er nicht bloß ein Tier ist, das in diese Welt gesandt wurde, um zu essen, zu trinken, zu schlafen und Geld zu verdienen. Nein! Ihm wird bewußt, daß er ein geistliches Wesen ist. Er weiß in der Tiefe seines Herzens, daß da etwas ist, was ihn über das ganze Universum emporhebt, daß er für Gott bestimmt ist und Gottes Geist in ihm wohnt. Früher wußte er das nicht, aber jetzt weiß er es. Er hat eine gänzlich neue Einstellung, sowohl dem Tod wie dem Leben gegenüber.

Wenn du, mein lieber Freund, wissen willst, ob du ewiges Leben besitzt, gibt es eine einfache Art, dies festzustellen. Wenn du über dich nachdenkst, bleibst du dann dort stehen, wo der Mensch dieser Welt für gewöhnlich aufhört, oder erinnerst du dich jeden Tag deines Lebens daran, daß du eine Seele, einen Geist hast? Worauf es wirklich ankommt, ist nicht die kurze Lebensspanne in dieser Welt, sondern das Schicksal, für das wir bestimmt sind; das Leben, das bei Gott auf uns wartet; die Herrlichkeit, zu der wir eingehen werden. Der Christ sieht sich selbst mit einem geistlichen Auge und erblickt Gott auf eine völlig andere Weise.

Der Christ hat auch von der Welt, in der wir leben, eine ganz andere Ansicht — eine geistliche Ansicht. Wie siehst du die Welt? Bereitet sie dir Kummer? Betrübt sie dich? Fühlst du dich durch sie verletzt? Paulus sagt von uns Christen, «solange wir in dieser Hütte sind, seufzen wir und sind beschwert» (2.Kor. 5,4). Oder in Römer 8,23: «Sondern auch wir selbst, die wir den Geist als Erstlingsgabe haben, seufzen in uns selbst und sehnen uns nach der Kindschaft, der Erlösung des Leibes.» Wenn du ewiges Leben empfangen hast, wirst du Christus ähnlich werden. In dieser Welt war er ein Mann der Schmerzen. Er kannte den Kummer, denn er sah, was die Sünde der wunderbaren Schöpfung seines Vaters angetan hatte. Er sah Männer und Frauen in den Fesseln der Sünde und im Dienste Satans stehen. Das tat ihm in der Seele weh, und auch der geistlich gesinnte Mensch weiß etwas von dem Mitleiden an dieser Welt und mit den Männern und Frauen, die auf dieser Erde leben.

Mit anderen Worten: Wirklichkeit werden geistliche Dinge dem Menschen, der ewiges Leben empfängt. Sie sind für ihn nichts Theoretisches, nichts Philosophisches. Er hat nicht das Gefühl, das sei etwas, wozu er sich zwingen muß. Sie sind der Mittelpunkt seines Lebens, das Wichtigste, was es für ihn gibt. Müssen wir uns zwingen, über diese Dinge nachzudenken? Sagen wir: «Es ist schon wieder Sonntag, und ich glaube, ich sollte dies oder jenes tun»? Oder freuen wir uns darüber und wünschten, wir könnten uns jeden Tag mit diesen geistlichen Wahrheiten beschäftigen? Hungern und dürsten wir nach Gerechtigkeit? Sind dies die wichtigsten und zentralsten Dinge in unserem Leben? Für den geistlichen Menschen sind sie es. Das Lebensprinzip Christi hat von ihm Besitz ergriffen, und er wird Christus ähnlich.

Schließlich möchte ich noch erwähnen, daß der neue Mensch eine Erkenntnis von geistlichen Dingen hat wie niemals zuvor. In seinem ersten Brief warnt Johannes die ersten Christen vor bestimmten Gefahren und Irrlehren. Aber er sagt auch, daß er sie an diese Dinge eigentlich nicht zu erinnern brauche, denn «ihr habt die Salbung von dem, der heilig ist, und habt alles Wissen» (1. Joh. 2,20). Der Christ hat ein geistliches Verständnis für geistliche Dinge. Er kennt die Wahrheit über den Herrn Jesus Christus. Es gibt Menschen, die ständig über die Person Christi diskutieren. Sie haben damit Probleme und wollen dies und jenes wissen. Der geistliche Mensch verhält sich anders. Ich meine damit nicht, daß er immer alles genau erklären kann. Nehmen wir z. B. die Christen von Korinth, von denen Paulus sagte, daß sie den Sinn Christi besaßen. Sie waren keine großen Philosophen. Er sagt: «Nicht viele Weise nach dem Fleisch, nicht viele Mächtige, nicht viele Angesehene sind berufen» (1. Kor. 1,26). Der Christ versteht nicht intellektuell, sondern geistlich. Ein neues Prinzip wohnt in ihm, und Leben erkennt Leben.

Die Erkenntnis, die dem Christen gegeben ist, ist eine fast instinktive Erkenntnis. Sie ist vergleichbar mit der Erkenntnis, die ein Mann hat, der sich in eine Frau verliebt. Es ist ihm unmöglich, sich hinzusetzen und eine philosophische Abhandlung über die Liebe zu schreiben. Er kann sie nicht rational erklären. Er ist sich sicher, aber sein Verstand setzt hier aus. Die große Liebe, die Verstand und Wissen nicht begreifen können — genau darum geht es. Wir wissen es, weil wir Liebe haben; Liebe erkennt Liebe, und Liebe zieht Liebe an. Das kleine Lamm kann uns nicht rational erklären, warum es ein bestimmtes Schaf als seine Mutter herauspickt, aber es weiß, daß das eine Schaf seine Mutter ist. Beim Christen verhält es sich ähnlich. Er *weiß* und kennt den Weg der Erlösung. Manche verstehen nicht, warum ein Mensch für uns am Kreuz sterben mußte, aber der Christ versteht es. Er kann die Lehre von der Versöhnung zwar nicht völlig verstehen, aber er hat keine Probleme damit, daß die Sünden der Welt auf den unschuldigen Leib des Sohnes Gottes gelegt wurden. Er hat den Sinn Christi und ein Verständnis dieser Dinge durch die Salbung des Heiligen Geistes. Geistliche Wahrheiten sind ihm nicht fremd; sie sind Leben, sie sind alles für ihn. Er findet Freude an ihnen. Er lebt von ihnen, und sein einziger Wunsch ist es, immer mehr zu wissen. Hast du das ewige Leben empfangen? Es ist ein Geschenk Gottes. Er hat alles getan, damit wir es erhalten können. Und wir erleben, daß das, was uns vorher interessierte, jetzt bedeutungslos wird und diese anderen Dinge die einzig wichtigen werden.

In dem Moment, in dem ein Mensch dieses Leben empfängt, wird er eine Art Fremder in dieser Welt. Wir sind Pilger, Fremde und Gäste; Menschen, die ihre Augen fest auf die kommende Herrlichkeit gerichtet haben, obwohl sie noch in dieser Welt der Sünde und Schande leben.

Möge Gott uns allen die Gewißheit schenken, daß wir das ewige Leben haben. Wenn du weißt, daß du es nicht hast, dann gehe zu Gott, und bitte ihn, dir durch seinen Geist dieses Leben zu geben. Wenn du es hast, dann bleibe darin, damit du in der Gnade und Erkenntnis Gottes wachsen mögest und «wir verklärt [werden] in sein Bild von einer Herrlichkeit zur andern» (2. Kor. 3,18).

Kapitel zwölf

Erfüllt mit neuem Leben

Johannes 17,2-3

Wir haben bis jetzt gesehen, daß wir uns mit diesen Dingen nicht sorgfältig und gründlich genug auseinandersetzen können. Die Gefahr ist groß, daß wir bei bestimmten Punkten wie z.B. der Vergebung oder der Gewißheit stehenbleiben, ohne uns darüber klar zu werden, daß wir dazu berufen sind, dieses Leben mit Gott zu teilen. Wir wollen uns darum noch einmal in Erinnerung rufen, was, mit den Worten des Schotten Henry Scougal, Glauben bedeutet: *das Leben Gottes in der Seele des Menschen.* Das Ziel all unserer Bemühungen, unserer Anbetung und unseres Bibelstudiums sollte der Wunsch sein, das neue Leben von Gott zu erfahren, und nichts weniger.

Wir haben bis jetzt eigentlich nur die Veränderungen im intellektuellen Bereich betrachtet, die sich in unserem Leben und Dasein durch den Erhalt des ewigen Lebens offenbaren, in unseren Gedanken, Ansichten und unserer Einstellung. Nun wollen wir überlegen, wie sich dieses herrliche und wundersame Leben, das Gott uns in Christus schenkt, sonst noch äußern kann. Christus wurde vom Himmel auf die Erde gesandt, ans Kreuz und ins Grab, zu Auferstehung und Himmelfahrt, damit er denen ewiges Leben geben konnte, die Gott ihm schon zuvor gegeben hatte. Und wer dieses Leben besitzt, der beginnt, so zu leben, wie Jesus es tat. Denn wir wollen nie vergessen, daß er wahrhaftig Mensch wurde, auch wenn er nie aufhörte, Gott zu sein. Er ist sowohl vollkommener Mensch als auch vollkommener Gott. Wenn wir darum unser Leben untersuchen wollen, dann ist es das beste, wenn wir auf das Leben des Herrn schauen, denn die Grundsätze, die sein Leben charakterisierten, sollten auch unser Leben prägen und gestalten.

Das erste Prinzip, das ich in diesem Zusammenhang erwähnen möchte, haben wir bereits im letzten Kapitel angesprochen: Wer die Gabe des ewigen Lebens empfangen hat, der *kennt* Gott. Er weiß nicht nur Dinge über Gott oder glaubt bestimmte Dinge über ihn; seine Kenntnis reicht tiefer. Man kann die Evangelien mit ihren Berichten aus dem Leben Jesu nicht lesen, ohne zu erkennen, daß der Herr Gott kannte. Immer wieder sagte er: «Ich preise dich, Vater, Herr des Himmels und der Erde, weil du dies den Weisen und Klugen verborgen hast und hast es den Unmündigen offenbart. Ja, Vater; denn so hat es dir wohlgefallen» (Matth. 11,25.26) «Niemand kennt den Vater denn nur der Sohn ...» (Matth. 11,27). Gott war nicht irgendein Fremder in weiter Ferne; nein, Jesus kannte ihn mit einer Vertrautheit und Offenheit, die es ihm stets erlaubte, in seine Gegenwart zu kommen. Er schien sich ständig danach zu sehnen, und das ist auch dem Christen angeboten. Er darf Gott kennen, Gott darf für ihn Wirklichkeit sein. Für den, der ewiges Leben besitzt, ist Gott nicht nur ein intellektueller Begriff. Er ist Wirklichkeit. Der Christ kennt Gott wirklich und weiß, was es bedeutet, sich der Gegenwart Gottes bewußt zu sein.

Natürlich ist das ein unerschöpfliches und schwieriges Thema, das den Menschen auch oft in die Irre führt, und doch müssen wir aufpassen, damit wir uns angesichts der Fülle, welche die Heilige Schrift uns anbietet, nicht zu früh zufriedengeben. Es gibt zwei Arten von Gotteserkenntnis. Da ist zunächst die Glaubenserkenntnis, wie sie die meisten religiösen Menschen besitzen. Sie bedeutet ein Glauben an Gott, eine Erfüllung dessen, was der Schreiber des Hebräerbriefes in Kapitel 11, Vers 6 sagt: «Denn wer zu Gott kommen will, der muß glauben, daß er ist und daß er denen, die ihn suchen, ihren Lohn gibt.» Das nenne ich die Glaubenserkenntnis.

Dem Christen wird jedoch mehr angeboten — eine Art geistlicher Erkenntnis, die direkt und unmittelbar ist. Diese Erkenntnis wird Erkenntnis, die direkt und unmittelbar ist. Diese Erkenntnis wird vor allem in den Psalmen beschrieben, aber auch im Neuen Testament. Wir erinnern uns an die Erkenntnis, die Mose erlebte, als Gott ihn in eine Felsspalte stellte und an ihm vorüberging, damit der Führer Israels einen Blick auf ihn werfen konnte. Gott hatte Mose seine Herrlichkeit kundgetan. Als er von dem Berg herunterkam, spiegelte sein Angesicht diese göttliche Herrlichkeit wider. Der Apostel Johannes hatte eine ähnliche Erfahrung auf der Insel Patmos; auch die Briefe berichten davon. Der Apostel Paulus wußte, was es heißt, in den dritten Himmel entrückt zu werden und dort Dinge zu erleben, die ungesehen und unbeschreiblich waren. Er war ein Mensch, und trotzdem machte er diese wunderbare Erfahrung.

Sie ist auch nicht nur auf Menschen beschränkt, von denen wir in der Bibel lesen. Bei unzähligen Gelegenheiten wurde sie Gottes Kindern geschenkt und als das Köstlichste empfunden, was man in diesem Leben und in dieser Welt besitzen kann. John Flavel, einer der großen Puritaner, befand sich auf einer Reise, als sich Gott ihm plötzlich offenbarte. Er hatte keine Vision, noch sah er irgend etwas mit dem äußerlichen Auge. Er wußte einfach nur, daß er sich in der Gegenwart der Herrlichkeit Gottes befand. Er war so überwältigt, daß er sich nicht erinnern konnte, wie lange er darin verweilte. Er berichtete später, daß er «die Welt mit ihren Sorgen gänzlich aus den Augen und dem Sinn verloren hätte». Er freute sich einfach an der Gegenwart der Herrlichkeit Gottes.

Wer die Autobiographie von Jonathan Edwards gelesen hat, der weiß, daß er eine ähnliche Erfahrung machte. Auch er hatte keine Vision — nur dieses Gefühl, dieses Bewußtsein der Wirklichkeit und Nähe, der Heiligkeit und Majestät, der Herrlichkeit Gottes.

Das gleiche lesen wir von D. L. Moody. Ausgerechnet in der Wall Street in New York machte er eine ähnliche Erfahrung. Gott offenbarte sich ihm unmittelbar. Moody hatte schon vorher an ihn geglaubt, er war von Gott gebraucht worden. Er war ein bekannter Christ, aber hier erlebte er etwas Neues, dieses Bewußtsein der unmittelbaren Gegenwart und Herrlichkeit Gottes. Es war so wunderbar, daß er in ein Hotel ging und um ein Zimmer bat. Er wollte allein sein. Die Herrlichkeit wurde so gewaltig, daß er Gott bat, seine Hand zurückzuhalten, damit er darunter nicht zerbrach — unter dieser unübertrefflichen Herrlichkeit! Ich erwähne diese Beispiele, um zu zeigen, zu welcher Erkenntnis Gottes der Besitz des ewigen Lebens führen kann, wenn wir es nur erkennen, pflegen und entwickeln. Und ich zögere nicht zu sagen, daß dies weit mehr ist, als die bloße Glaubenserkenntnis uns offenbaren kann. Echter, auf der Wahrheit der Bibel gegründeter Glaube führt uns zu einer viel unmittelbareren und direkteren Gotteserkenntnis. Die Puritaner nannten sie eine geistliche Erkenntnis, die noch über der Glaubenserkenntnis steht.

Dies wiederum führt in die Gemeinschaft mit Gott. Lesen wir einmal 1. Johannes 1. Der alte Apostel weiß, daß sein Leben zu Ende geht, und er schreibt den jungen Christen in den Gemeinden, was er sich für sie wünscht. Er möchte, daß sie mit ihm Gemeinschaft haben, aber nicht nur das, denn: «Unsere Gemeinschaft ist mit dem Vater und mit seinem Sohn Jesus Christus.» Ganz gleich, was ihnen in dieser Welt geschieht, sagt Johannes, sie können lebendige Gemeinschaft mit Gott haben. Ihr sollt jetzt mit Gott wandeln und euch nie allein fühlen. Ihr sollt die Gewißheit haben, daß Gott und Christus mit euch sind und daß euer Leben durch den Heiligen Geist, der in euch ist, ein Wandeln in der Gegenwart Gottes ist. Diese Gemeinschaft sollte nicht zerstört werden. Solltest du in Sünde fallen, so zerstörst du sie. Du wirst dir deiner Sünde so bewußt sein, daß dir klar wird, daß du allein gelassen bist. Aber, so sagt Johannes, wenn du einsiehst, was du getan hast, und deine Sünde bekennst und zu Gott zurückkehrst, kann ich dir versichern, daß das Blut Jesu Christi immer noch wirksam ist. Deine Sünde wird ausgelöscht, und du wirst erneuert werden. Du wirst dein Leben in der Gegenwart Gottes fortführen.

Dazu sind wir berufen! Das ist das Leben, das wir führen sollten! Das ist ewiges Leben: mit Gott zu wandeln, an seinem Leben Anteil und mit ihm Gemeinschaft zu haben; nicht das Gefühl haben zu müssen, daß Gott ein Fremder und weit fort sei; einer, den wir nur suchen, wenn wir Probleme haben — sondern zu wissen, daß wir immer bei ihm, immer in seiner Gegenwart sind und gemeinsam mit ihm in seinem Lichte wandeln. Leben als Christ bedeutet, Gott immer nahe zu sein, und nicht nur während besonderer Gebetszeiten. Unser ganzes Leben sollten wir in der bewußten Gegenwart Gottes leben.

Dieser Gedanke führt uns zum nächsten Punkt. Wenn wir Gott auf diese Weise erfahren, lernen wir besonders sein Leben kennen. Als der Apostel Paulus für die Gemeinde in Ephesus betete, bat er insbesondere, daß sie die Liebe Christi, die Höhe, Tiefe, Länge und Breite dieser Liebe, «die alle Erkenntnis übertrifft», erfahren möchten. Meine Freunde, ich komme immer mehr zu der Überzeugung, daß dies der größte Mangel der heutigen Gemeinden und Christen ist. Was uns nicht bewußt ist — und das ist der Grund für die meisten unserer Irrtümer und Unzulänglichkeiten —, ist die erstaunliche Liebe Gottes. Ach, wenn wir diese Liebe doch erkennen würden! Wenn wir nur etwas von dem ganzen Geheimnis der Menschwerdung und Versöhnung verstehen würden, von seiner erstaunlichen Liebe zur Welt, trotz deren Sünde! Der Mensch, der das ewige Leben besitzt, beginnt all dies zu erkennen. Es wirkt anziehend auf ihn, und deshalb kann er auch seinen Feinden zulächeln. Mit dem Apostel Paulus kann er sagen, daß ihn nichts von der Liebe Gottes trennen kann.

Und ich möchte uns wieder fragen: Wenn wir auf unser Leben zurückschauen, können wir dann feststellen, daß unsere Erkenntnis Gottes zunimmt? Können wir sagen, daß wir das Wesen Gottes besser verstehen als zuvor? Werden Gott und seine erstaunliche, wunderbare Liebe uns immer mehr zur Wirklichkeit?

Wir kommen zum zweiten Prinzip. Ewiges Leben bedeutet nicht nur, daß wir Gott kennen, sondern auch, daß wir uns unseres Verhältnisses zu Gott immer bewußter werden. Die Apostel betonen diese Tatsache ununterbrochen. Wer das ewige Leben hat, sagt Paulus, besitzt den Geist der Kindschaft und erkennt Gott jetzt als seinen Vater. Das ist in gewissem Sinne das Unterscheidungsmerkmal der Christen. Die Juden glaubten seit alters an einen Gott im allgemeinen Sinne, an Gott als den Schöpfer der Welt; der Herr dagegen brachte uns diese feste und unerschütterliche Gewißheit, daß Gott unser Vater ist. «Ihr habt einen kindlichen Geist empfangen, durch den wir rufen: Abba, lieber Vater!» (Röm. 8,15). Nun beginnen wir uns selbst im Lichte unserer Beziehung zu Gott zu sehen. Dabei hilft es uns, wenn wir wissen wollen, ob wir wirklich ewiges Leben haben, wenn wir uns einfach die folgende Frage stellen: Was geht uns durch den Kopf, wenn wir an Gott denken und in seine Gegenwart kommen? Wie stellen wir uns Gott vor? Ist uns bewußt und sind wir sicher, daß er unser Vater ist? Meinen wir wirklich «Vater», wenn wir sagen: «Unser Vater, der du bist im Himmel»?

Christus erklärte diesen Gedankengang in der Bergpredigt. Er sagte, daß sich ein Christ keine Sorgen um Essen oder Kleidung machen sollte, «denn euer himmlischer Vater weiß, daß ihr all dessen bedürft» (Matth. 6,32). Wenn wir zu Gott gehen, sollte uns bewußt sein, daß er unser Vater ist. Der Geist der Kindschaft läßt uns rufen: Abba, lieber Vater! Der Christ darf wissen, daß die Haare auf seinem Haupt gezählt sind und sein Verhältnis zu Gott nicht etwas Mechanisches, sondern etwas Lebendiges ist. Daraus folgt dann die Erkenntnis, daß wir von Gott abhängig sind, und die Gewißheit, in seiner Hand zu sein, und das wiederum führt uns dazu, in allem auf ihn zu schauen.

Was sind wir doch für Narren! Ich entschuldige mich nicht, diesen Ausdruck zu gebrauchen. Was sind wir Christen doch für Narren, daß wir nicht erkennen, wie in diesem Verhältnis zu Gott all unsere Not gestillt, jeder Wunsch erfüllt wird. Das Leben, das Christus hier auf Erden führte, war ein Leben der ständigen Abhängigkeit von seinem Vater: «Die Worte, die ich zu euch rede, die rede ich nicht von mir selbst aus. Und der Vater, der in mir wohnt, der tut seine Werke» (Joh. 14,10). Erst wenn wir das erkennen, werden wir begreifen, warum der Herr überhaupt gebetet hat. Sein Leben als Mensch war von Gott abhängig. Bei allem, was er tat, war er in Verbindung mit Gott und erhielt durch den Heiligen Geist die Kraft, sein Werk zu tun. Durch den Geist brachte er sich Gott als Opfer dar und ist «eingesetzt als Sohn Gottes in Kraft durch die Auferstehung von den Toten» (Röm. 1,4).

Dies ist sicherlich eines der erstaunlichsten Dinge, die der Mensch in dieser Welt je lernen kann, aber es ist ein wesentlicher Bestandteil der Gotteserkenntnis. Deshalb haben auch die Frommen aller Zeiten so viel Zeit im Gebet verbracht. Sie wußten, daß sie so wie Christus in der Abhängigkeit von Gott leben sollten. Sie verließen sich nicht auf ihre eigene Kraft und

Fähigkeit. Sie trachteten nach seiner Gesinnung, seinem Willen und der Fülle des Geistes. Sie trachteten nach der Kraft, die Gott allein geben konnte, und lebten ein Leben des Sieges und Triumphes.

Aber ich möchte noch auf einen anderen bezeichnenden Aspekt dieses Lebens hinweisen. Wer das ewige Leben hat, der kennt nicht nur Gott und sein Verhältnis zu ihm, er freut sich auch an Gott, und es ist sein größter Wunsch, ihn immer besser kennenzulernen. Ich verweise an dieser Stelle wieder auf die Psalmen. Erinnern wir uns, was David empfand, als er wieder zurück zum Hause Gottes kam? Er sagte: «Wie der Hirsch lechzt nach frischem Wasser, so schreit meine Seele, Gott, zu dir. Meine Seele dürstet nach Gott, nach dem lebendigen Gott...» (Psalm 42,2.3). So geht es uns, wenn wir das ewige Leben besitzen! Gleiches zieht Gleiches an. Kennzeichen der Liebe ist es, daß sie sich danach sehnt, in der Nähe des Gegenstands ihrer Liebe zu sein, und wenn wir das ewige Leben haben, dann empfinden wir im Blick auf Gott genauso. Wenn wir in der Schrift von den heiligen Männern Gottes lesen oder das Leben der Heiligen in späteren Jahrhunderten betrachten, dann erkennen wir, wie es auch ihr größter Wunsch war, Gott besser zu kennen. Sie suchten ständig seine Nähe und eine noch größere Erkenntnis. Das trieb sie dazu, sich täglich selbst zu prüfen. John Fletcher zum Beispiel stellte sich jeden Abend, bevor er ins Bett ging, eine Reihe von Fragen: «Bin ich mit Gott gewandelt, wie ich sollte? Habe ich den Wandel mit ihm vernachlässigt? Hat irgend etwas die Gemeinschaft gestört? Ist Sünde aufgetreten, und hat sie zerstört?» Ähnliches kann von allen Heiligen gesagt werden, egal in welchem Jahrhundert oder in welchem Land sie lebten; sie suchten vor allem die Nähe Gottes, und sie taten das, weil sie sich an der Gemeinschaft mit ihm freuten. Bibellesen und Meditieren ist keine Last für den, der das ewige Leben besitzt. Er freut sich daran, denn es ist sein größtes Vergnügen, Gott immer besser kennenzulernen. Die erste Frage des kleinen Katechismus lautet: «Was ist das Hauptziel des Menschen?» Und die Antwort heißt: «Das Hauptziel des Menschen ist es, Gott zu verherrlichen und sich auf immer an ihm zu erfreuen.» Man kann die Bibel nicht aufrichtig lesen, ohne zu erkennen, daß die Menschen, von denen im Alten Testament berichtet wird, Gott kannten und sich an ihm erfreuten und gern mit ihm lebten. Es war die größte Freude unseres Herrn, mit seinem Vater zu sprechen und Gemeinschaft mit ihm zu haben. Er erfreute sich an Gott, und das sollten auch wir tun. Gott sollte für den echten Christen kein Zuchtmeister, sondern Gegenstand seiner größten Freude, sein Vergnügen und seine Wonne sein.

Meine Freunde, wenn wir den Vater in seinem heiligen, liebenden Charakter, wenn wir seine Liebe wirklich kennen würden, dann würden wir unser ganzes Leben in seiner Gegenwart verbringen wollen. Das war es, worauf sich diese Männer freuten. «Damit ich ihn erkenne», sagt Paulus. Er vergißt die Dinge, die hinter ihm liegen, und schaut mit Freuden auf diese ungeteilte Freude Gottes im Himmel. Das ist die Wirklichkeit des Himmels, sich in der Liebe und Herrlichkeit Gottes zu sonnen. Wer das ewige Leben empfängt, der beginnt, auf diese Dinge aufmerksam zu werden. Ich möchte niemanden enttäuschen. Ich beschreibe hier dieses Leben in seiner Fülle, aber damit sage ich im Grunde auch, daß es, wenn wir diesem allem völlig fremd gegenüberstehen und nichts davon wissen, höchste Zeit ist, sich zu fragen, ob wir überhaupt das ewige Leben haben. Bin ich überhaupt ein Christ? Weiß ich etwas von diesen Dingen? Habe ich jemals in meinem Leben, und wenn es nur für eine flüchtige Sekunde war, etwas von Gott und seiner Gegenwart gespürt? Habe ich je etwas von seiner wunderbaren Liebe erfahren? Wer dieses Leben besitzt, der liebt Gott. Denn es genügt Gott nicht, daß wir nur an ihn glauben. Das erste und oberste Gebot, sagt Christus, lautet: «Du sollst Gott, deinen Herrn, lieben ...» Glauben allein genügt nicht. Wir sollen Gott lieben, und zwar mit unserem ganzen Wesen.

Damit kommen wir zum nächsten Grundsatz: Wer das ewige Leben empfangen hat, *liebt* es, Gottes Willen zu tun. Das ist die logische Folge. Wer liebt, der ist darum besorgt, dem Gegenstand seiner Liebe zu gefallen. Es gibt keinen besseren Test, mit dem wir unsere Liebe prüfen können. Solange wir dem Menschen, den wir zu lieben behaupten, nicht wirklich gefallen wollen, solange lieben wir ihn nicht wirklich. Die Liebe möchte dem anderen immer Gutes tun und sich selbst geben, und jeder, der Gott liebt, möchte seinen Willen tun. Wenn du auf Christus schaust, erkennst du, daß sein ganzes Leben darin bestand, den Willen seines Vaters zu tun, egal, was es war. Sogar im Garten Gethsemane, als er der einzigen Sache gegenüberstand, die er nicht wollte, sagte er: «Doch nicht mein, sondern dein Wille geschehe» (Luk. 22,42). Ich möchte diesen Kelch nicht trinken, aber wenn es dein Wille ist, werde ich auch das tun. Das ist Liebe in ihrer höchsten Vollendung, und sie gilt für alle, die sein Leben besitzen. Das Hauptziel des echten Christen ist die Verherrlichung Gottes. Aus diesem Grunde sucht er den Willen Gottes zu erkennen und zu tun. Er strebt danach, und er tut es gern. Er ist von diesem einen Gedanken beherrscht. Nachdem er erfahren hat, was Gott ihm bedeutet, was Gott für ihn getan hat, und er etwas von der Liebe Gottes erkannt hat, kann er nur noch sagen: «Diese so erstaunliche göttliche Liebe erfordert meine Seele, mein Leben, mein alles.»

Und damit komme ich zum letzten Gedanken. Daß ein Mensch das ewige Leben hat, läßt sich auch daran erkennen, daß in seinem Leben bestimmte Resultate sichtbar werden. Durch den Apostel Paulus sind sie für uns in Galater 5,22-23 festgehalten, wo er von der Frucht des Geistes spricht. Jemand nannte sie einmal die kürzeste Biographie Christi, die je aufgezeichnet wurde. Wie recht er hatte! Es ist die vollkommene Beschreibung des Lebens Christi: «Liebe, Freude, Friede, Geduld, Freundlichkeit, Güte, Treue, Sanftmut, Keuschheit», und jeder, der die Gabe des ewigen Lebens von ihm erhalten hat, beginnt, diese Art Leben zu offenbaren. «Das Reich Gottes», sagt Paulus den Römern, «ist nicht Essen und Trinken, sondern Gerechtigkeit und Friede und Freude in dem Heiligen Geist» (Röm. 14,17). «Denn fleischlich gesinnt sein ist Feindschaft wider Gott» (Röm. 8,7), «aber fleischlich gesinnt sein ist der Tod, und geistlich gesinnt sein ist Leben und Friede» (Röm. 8,6). Wenn wir uns also prüfen, müssen wir uns wieder diese wichtige Frage stellen: «Kann Christus in mir das Ziel seines Kommens und Sterbens erfüllen? Er sagt, er habe alles getan, um mir ewiges Leben zu geben. Habe ich dieses Leben erhalten? Offenbart sich die Frucht des Geistes in mir?» Christus ist das ewige Leben, und der Geist bringt seine Früchte in uns hervor.

Kennst du dieses Leben von Gott in deinem eigenen Leben? Hast du diese Freude im Heiligen Geist, die dich von Umständen unabhängig macht? Hast du Frieden in deinem Herzen, inneren Frieden, Frieden mit anderen Menschen; einen Frieden, der dich gelassen bleiben läßt, was immer auch geschieht? Hast du Geduld? Christus war geduldig, als er den Widerstand der Sünder gegen sich ertrug. Sind wir freundlich, gütig und geduldig mit anderen, oder verlieren wir die Beherrschung? Sind wir ständig gereizt und empfindlich, oder zeigen wir Geduld, Freundlichkeit, Güte, Treue, Sanftmut, Demut und Selbstkontrolle? Herrscht in unserem Leben Ordnung? Der wahre Christ ist beherrscht und ausgeglichen. All das hat Gott uns angeboten, und ich stelle diese Fragen nicht nur, damit wir erkennen, daß diese Dinge hier und jetzt vorhanden sind, sondern damit wir uns an ihnen *erfreuen*. Wir können das ewige Leben schon hier in diesem Leben und in dieser Welt empfangen, doch wenn wir sterben, ohne es empfangen zu haben, dann können wir uns in Ewigkeit nicht daran erfreuen. Dies ist nur ein Vorgeschmack. Wir sind noch nicht völlig im Besitz des großen Gutes, aber wir haben das Siegel, die Anzahlung und die Eigentumsurkunde empfangen. Ich weiß also, daß ich einmal alles erhalten werde. Wenn ich die Eigentumsurkunde und die Anzahlung auf das Erbe hier auf Erden jedoch nicht empfangen habe, dann werde ich niemals das volle Erbe im Himmel antreten.

Hast du ewiges Leben empfangen, mein Freund? Die größte Herausforderung, der du je gegenübergestanden hast, ist der Herr Jesus Christus, der am Kreuz starb und wieder auferstand, um dir dieses Leben zu geben. Findest du etwas von diesem Leben in dir wieder? Wenn ja, dann gelobe von diesem Moment an, dafür zu leben und mehr davon zu empfangen, damit es wachsen und sich entwickeln kann. Wenn du dieses Leben jedoch niemals erhalten hast, dann eile in die Gegenwart Gottes und sage ihm, daß du es niemals hattest; erkenne und bekenne ihm deine Sünden, und hör endlich auf, auf dich und deine eigene Güte zu vertrauen.

Das Merkmal des Christen besteht nicht darin, daß er besser ist als andere, daß er Kirchenmitglied ist, daß er bestimmte Ansichten vertritt oder sich mit einer strengen Moral brüstet. Nein, es geht darum, ob er das ewige Leben hat. Wenn du erkennst, daß du es nicht besitzt, bekenne es Gott. Bekenne ihm all deine Selbstgerechtigkeit. Wirf dich auf das freie Heilsangebot Gottes in Christus, der für dich gestorben ist, und bitte ihn, dir dies ewige, göttliche, dies wahrhaftige Leben zu schenken. Und wenn du es besitzt, dann wirst du seine Früchte offenbaren und beginnen, für Gott und seine Herrlichkeit zu leben und dich an ihm zu erfreuen. Religion wird nicht länger eine Pflicht, sondern deine größte Freude sein.

Kapitel dreizehn

Sicher in seinem ewigen Reich

Johannes 17,1-5

Es ist vielleicht gut, wenn wir uns jetzt noch einmal an die Tatsache erinnern, daß unser Herr und Heiland dieses Gebet seinem Vater hörbar darbrachte. Er sprach mit Gott, aber er wollte, daß seine Jünger dabei zuhörten. Und tatsächlich deutet das ganze Gebet, nicht nur im ersten Teil, den wir näher betrachtet haben, sondern im gesamten Kapitel, darauf hin: Christus hatte einen bestimmten Grund, dieses Gebet laut zu sprechen. Seine Jünger und Nachfolger sollten wissen, daß ihre Position sicher war. Dieser Grundgedanke durchzieht das ganze Gebet. Der Herr übergibt seine Jünger dem Vater und bittet ihn, sich um sie zu kümmern, und er bittet laut darum, damit sie es hören können. Dabei geht er auch auf Einzelheiten ein, durch die wir erst wirklich etwas von dieser großartigen und erhabenen Lehre begreifen und erkennen können, daß wir sicher und geborgen sind.

Darum geht es in unseren Versen — die Sicherheit des Gläubigen. Unser Herr ging dem Ende seines irdischen Lebens entgegen. Er war im Begriff, die Welt zu verlassen und zu Gott zurückzukehren, um an dieser ewigen Herrlichkeit in all ihrer Fülle teilzuhaben, und seine große Sorge war es, daß seine Jünger — und durch sie alle, die durch ihre Predigt zum Glauben kommen würden — diese Gewißheit haben sollten. Dies wurde zu einem der größten Themen in den neutestamentlichen Briefen. Jeder einzelne wurde geschrieben, damit alle Christen dies *wissen*, und die Schreiber fordern sie auf, aus diesem Grunde eine bestimmte Art Leben zu führen. Christen werden nicht dazu ermahnt, bestimmte Dinge zu tun, damit sie einmal in den Himmel kommen. Sie werden vielmehr dazu angehalten, ein bestimmtes Leben zu führen, zu dem sie auserwählt sind, und aus diesem Grunde ist die Sünde so völlig undenkbar.

Johannes faßt dies wie folgt zusammen: «Und ein jeder, der solche Hoffnung auf ihn hat, der reinigt sich ...» (1. Joh. 3,3). Es ist also notwendig zu wissen, daß wir diese Hoffnung haben. In Hebräer 6 finden wir denselben Gedanken, wenn der Schreiber die hebräischen Christen ermahnt, sich guter Werke zu befleißigen: «Wir wünschen aber, daß jeder von euch denselben Eifer beweise, die Hoffnung festzuhalten bis ans Ende» (Vers 11). Sie sollen wissen, daß sie innerhalb des Vorhangs einen Anker haben, «dahinein der Vorläufer für uns gegangen ist» (Vers 20). So sollen wir als Christen leben. Der Christ war nie dazu bestimmt, zögernd und unsicher durch diese Welt zu gehen und sich ständig zu fragen, ob er auch wirklich Christ ist, in der Hoffnung, daß irgendwann vor seinem Tod plötzlich etwas geschieht. Nein, er sollte fest und sicher durchs Leben gehen, auf die ewige Hoffnung zu. Das ist das Anliegen dieses großen Gebets, besonders in den ersten fünf Versen. Es war in der Tat mein Ziel und Bemühen, diesen Aspekt der Wahrheit hervorzuheben, damit wir alle die Hoffnung festhalten bis ans Ende.

Wir haben gesehen, daß all dies nichts Zufälliges, sondern geplant ist. Die Namen der Kinder Gottes wurden vor Grundlegung der Welt in das Lebensbuch des Lammes geschrieben. Unsere Erlösung hängt ganz allein von Gottes ewigem Plan ab, der in der Geschichte durchgeführt wird. Wir werden nicht durch Gedanken oder Theorien errettet, sondern durch bestimmte Dinge, die ein für allemal verordnet und in die Tat umgesetzt wurden. Unsere Erlösung gehört der Geschichte an. Sie ist genauso Geschichte wie die Tatsache, daß Julius Cäsar 55 vor Christus in England einmarschierte.

Ich möchte nun die Gründe für den Glauben des Christen an die Gewißheit der Erlösung zusammentragen. Als erstes wird uns mitgeteilt, daß der Christ von Gott auserwählt und seinem Sohn Jesus Christus übergeben wurde: «Denn du hast ihm Macht gegeben über alle Menschen, damit er das ewige Leben gebe allen, die du ihm gegeben hast.» Das ist ein ganz wesentlicher Gedanke. Haben wir bemerkt, daß der Herr ihn allein in diesem Kapitel siebenmal wiederholt? Es geht hier nicht um Statistik — ich möchte nur, daß wir die Bedeutung dieser Worte erkennen. Wir finden sie in Vers 2: «... damit er das ewige Leben gebe allen, die du ihm gegeben hast.» In Vers 6 sagt er es gleich zweimal: «Ich habe deinen Namen den Menschen offenbart, die du mir aus der Welt gegeben hast», und weiter: «Sie waren dein, und du hast sie mir gegeben.» Die gleiche Aussage lesen wir wieder in Vers 9: «Ich bitte für sie» — achten wir auf die folgenden Worte — «und bitte nicht für die Welt, sondern für die, die du mir gegeben hast; denn sie sind dein.» Er betet nicht für die Welt, sondern nur für die, die Gott gehören und die Gott ihm gegeben hat — darin besteht die große Trennung. Dann lesen wir in Vers 11: «Ich bin nicht mehr in der Welt; sie aber sind in der Welt, und ich komme zu dir. Heiliger Vater, erhalte sie in deinem Namen, den du mir gegeben hast, daß sie eins seien wie wir.» Lesen wir auch den folgenden Vers: «Solange ich bei ihnen war, erhielt ich sie in deinem Namen, den du mir gegeben hast, und ich habe sie bewahrt, und keiner von ihnen ist verloren, außer dem Sohn des Verderbens ...» Und schließlich in Vers 24: «Vater, ich will, daß, wo ich bin, auch die bei mir seien, die du mir gegeben hast, damit sie meine Herrlichkeit sehen, die du mir gegeben hast; denn du hast mich geliebt, ehe der Grund der Welt gelegt war.»

Nun, aus all diesen Stellen geht eindeutig hervor, daß Gott der Vater dem Sohn bestimmte Menschen übergeben hat und der Sohn hauptsächlich in diese Welt gekommen ist, um diesen Menschen, und niemand anderem, das ewige Leben zu geben.

Vielleicht sagt jetzt jemand: «Das verstehe ich nicht.» Aber ich habe hier nur erklärt, was die Heilige Schrift sagt. Wenn es eine andere logische Erklärung für diese Worte gibt, dann bin ich sehr daran interessiert, sie zu hören. Dies sind nicht meine Gedanken oder die irgendeines Menschen. Der Herr selbst sagt es in diesem einen Kapitel siebenmal, und wir finden dieselbe Aussage in der ganzen Heiligen Schrift. Das Werk des Sohnes bestand darin, jedem einzelnen dieser Menschen das ewige Leben zu geben. Das sagt der Herr selbst in seinem hohenpriesterlichen Gebet unter dem Schatten des Kreuzes.

Doch an diesem Punkt fangen die Menschen sofort an, Fragen zu stellen. Sie sagen: «Wie kann das ein Gott der Liebe sein, der die einen erlöst und die anderen nicht?»

Meine lieben Freunde, ich verstehe es nicht, und auch niemand sonst. Unsere Aufgabe ist es, den Worten der Schrift zu glauben. Ich behaupte nicht, die ewigen Gedanken Gottes zu begreifen. Das sollte ich auch nicht. Das ist das Problem mit den Philosophen. Sie sagen, sie verstehen nicht, wie Gott dies oder jenes tun kann. Sie wollen die Gedanken des allmächtigen Gottes mit ihrem winzigen Verstand erklären und können es nicht. Genau deshalb haben sie es so schwer, Christen zu werden. Alles, was ich weiß, ist, daß der Sohn Gottes, als er in dieser Welt war, sagte: «Ich bitte nicht für die Welt.» Er betet nur für die, die Gott ihm gegeben hat. Er sagt noch nicht einmal, daß er sie auserwählt hat. Er sagt, Gott der Vater habe sie auserwählt und ihm gegeben. Er kam mit einem großen

Auftrag von seinem Vater. So verstehe ich diese Lehre. Er sollte in dieser Welt bestimmte Dinge tun, damit er denen das ewige Leben geben konnte, die Gott für sich ausgesondert und dem Sohn als sein Erbe gegeben hatte.

Wenn wir diesen Gedanken in der Heiligen Schrift verfolgen, dann sehen wir, daß er sich sowohl im Alten als auch im Neuen Testament findet. Deine und meine Erlösung waren Gott bekannt und unsere Namen vor Erschaffung der Welt im Lebensbuch des Lammes geschrieben. Wir verstehen es nicht. Aber Gott sei Dank, daß wir nicht durch unser Verstehen erlöst werden, sondern dadurch, daß wir die Wahrheit annehmen. Es ist in der Tat unbiblisch, intellektuelle Probleme *über* die klaren Aussagen der Schrift zu stellen. Es ist keineswegs überraschend, daß wir Schwierigkeiten haben, bestimmte biblische Aussagen mit unserer Vorstellung von der Liebe Gottes in Einklang zu bringen. Aber der Apostel Paulus sagt in seinem Brief an die Korinther, daß es Gott wohl gefiel, «durch die Torheit der Predigt selig zu machen, die daran glauben» (1. Kor. 1,21). Seinem eigenen Verständnis zu vertrauen, kommt der Torheit der Griechen gleich.

Lieber Freund, erinnere dich daran, was du bist. Miß deinen Verstand, den du zur Autorität nimmst. Wie groß ist er? Was verstehen wir wirklich mit unserem Verstand? Verstehen wir uns selbst? Verstehen wir das Leben? Verstehen wir das Geheimnis der Schöpfung? Verstehen wir die einfachste Blume, die blüht? Verstehen wir die Elektrizität oder etwas so Kleines wie ein Atom? Natürlich nicht! Und trotzdem setzen wir unseren kleinen Verstand gegen den Verstand Gottes ein. Er ist zu klein und seine Reichweite zu begrenzt. Aber das ist noch nicht die ganze Wahrheit über uns. Nicht nur unsere Geisteskräfte sind begrenzt, wir sind darüber hinaus sündige Geschöpfe. Wir erkennen nichts richtig, und davon wird alles beeinflußt. Unser Geist ist von Natur aus in Feindschaft mit Gott und all unser Verständnis durch die Sünde fehlerhaft, befleckt und beschmutzt.

Aus diesem Grunde hört der Christ auf, alles an seinem Verständnis zu messen. Er kommt zur Bibel wie ein kleines Kind in dem Bewußtsein, daß sie sich ihm nicht erschließt, es sei denn, der Heilige Geist erleuchtet seinen Verstand. Glauben heißt, sich bewußt und aus freien Stücken der Offenbarung der Bibel zu öffnen. Wenn wir etwas nicht begreifen, sagen wir: «Ich verstehe es nicht, aber ich gebe mich damit zufrieden. Ich glaube dem Wort Gottes, und ich füge mich dem mit meiner ganzen Einstellung.» Das ist Glaube. In dem Moment, in dem du deinen Verstand von natürlichen Argumenten leiten läßt und sagst, daß du etwas nicht verstehen kannst, wendest du dich von der Offenbarung ab und kehrst zu der sündigen Haltung zurück, deinen Verstand als obersten Richter zu gebrauchen. In Römer 8 wird uns gesagt, daß «die er ausersehen hat, die hat er auch vorherbestimmt, daß sie gleich sein sollten dem Bild seines Sohnes ...» und «die er aber berufen hat, die hat er auch gerecht gemacht; die er aber gerecht gemacht hat, die hat er auch verherrlicht» (Verse 29.30). Er hat es getan; der Christ ist bereits verherrlicht. In den Augen Gottes ist er schon gerechtfertigt, obwohl er sich noch immer auf dieser Erde befindet. Er mag geachtet sein wie ein Schlachtschaf, aber er ist verherrlicht. Gott handelt nicht stückweise, sondern im ganzen, und er kennt sein Volk. «Aber der feste Grund Gottes besteht und hat dieses Siegel: Der Herr kennt die Seinen» (2. Tim. 2,19). Gott hat sein Volk von Anfang an gekannt und es für sich ausgesondert. Paulus betet für die Epheser, daß die Augen ihres Herzens erleuchtet werden mögen, damit sie erkennen, «zu welcher Hoffnung ihr von ihm berufen seid, wie reich die Herrlichkeit seines Erbes für die Heiligen ist» (Eph. 1,18).

Das ist die erste Grundlage unserer Sicherheit. Meine Gewißheit beruht auf der Tatsache, daß ich Christ bin, weil Gott mich für seine Erlösung auserwählt hat; er hat mich aus allem herausgeholt und seinem Sohn übergeben, damit dieser mir ewiges Leben gibt. Welch eine Basis! Und welch unaussprechliche Torheit all jener, die versuchen, durch die Philosophie das Unerforschliche und Ewige zu verstehen, und solch eine Lehre verwerfen! Manche glauben, man könne das ewige Leben vom Sohn Gottes erhalten, dann verlieren, wieder erhalten und noch einmal verlieren. Und so weiter, bis man stirbt. Meine Freunde, das ist eine Beleidigung Gottes! Es ist eine Beleidigung seines herrlichen Heilsplans und seines ewigen Wesens! «Damit er das ewige Leben gebe allen, die du ihm gegeben hast!» Welch ein Gedanke — Gott hat mich Christus übergeben, damit er mich erlösen und mir ewiges Leben schenken kann!

Der zweite Grund für unsere Gewißheit ist nach den Worten des Herrn, daß alles, was uns hindert, dieses Geschenk des ewigen Lebens zu empfangen, durch Christus beiseite geschafft wurde. «Ich habe dich verherrlicht auf Erden und das Werk vollendet, das du mir gegeben hast, damit ich es tue.» Viele Dinge mußten getan werden, bevor ich das Geschenk des ewigen Lebens empfangen konnte. Als natürlicher Mensch habe ich mich gefragt, wie ich es erhalten kann. Wir haben schon betrachtet, was das ewige Leben eigentlich ist. Es bedeutet, teilzuhaben am Leben Gottes und mit ihm Gemeinschaft zu haben. Ist es darum nicht logisch, daß ziemlich viel geschehen muß, bevor wir diesen Zustand erreichen? Doch Gott sei Dank, daß alles bereits getan wurde. Nichts wurde vergessen. Gott hat sich mit dem Problem meiner Schuld befaßt und sie weggenommen. Er hat mich mit sich selbst versöhnt. Sein Gesetz wurde erfüllt. — «Wer will die Auserwählten Gottes beschuldigen?» Ich frage: «Gibt es irgendwo irgend jemand, der gegen mich als Kind Gottes auch nur in einem Punkt Anklage erheben kann?» Es gibt niemanden, denn «Gott ist hier, der gerecht macht» (Röm. 8,33). Er selbst hat es getan. «Christus Jesus ist hier, der gestorben ist, ja vielmehr, der auch auferweckt ist, der zur Rechten Gottes ist und uns vertritt» (Vers 34).

Das ist die Einstellung, die wir an den Tag legen sollten! Es ist auch keine Prahlerei, denn ich vertraue nicht mir selbst, sondern ihm. Ganz im Gegenteil — diese Erkenntnis demütigt den Menschen, sie treibt ihn dazu, nach Heiligung zu streben. Wenn du nicht mit dem Liederdichter sagen kannst, «seine Gnad und Jesu Blut machen allen Schaden gut», dann ist mit deinem Glauben irgend etwas nicht in Ordnung.

Jesus sagt nun dem Vater, daß alles Notwendige getan, die Schuld weggenommen, das Gesetz erfüllt und der Vater versöhnt sei. Die neue Natur und der Heilige Geist sind gegeben; das Werk wird weitergehen, bis er sich fehlerlos und ohne Sünde vollkommen in der Gegenwart Gottes wiederfinden wird. Unsere Sicherheit liegt darin begründet, daß das Werk vollendet und jedes Hindernis und jede Barriere beseitigt wurde, denn Christus hat alles getan. Er sagte auch: «Ich gehe hin, euch die Stätte zu bereiten» (Joh. 14,2), und er hat sein Versprechen gehalten. In einem unserer Lieder heißt es: *Glücklicher, aber nicht sicherer die verherrlichten Seelen im Himmel sind.*

Welch eine Aussage! Die verherrlichten Seelen im Himmel sind nicht sicherer, als wir hier auf Erden sind, denn unsere Sicherheit liegt in Christus. Sie sind natürlich glücklicher als wir, denn sie befinden sich in einem Land, wo es keine Sünde und Schmach, kein Leid und keine Sorgen gibt; glücklicher, ja, aber nicht sicherer.

Ich will erklären, warum dies so ist. Christ sein bedeutet nicht nur, an den Herrn Jesus Christus zu glauben und Vergebung der Sünden zu empfangen. Es bedeutet auch, daß ich in Christus bin; ich bin in ihm, und er ist in mir. Ich bin ein Teil von ihm; ich bin mit ihm gestorben und mit ihm auferstanden. Er ist mein Leben. Und weil ich in ihm bin, bin ich genauso sicher wie jene, die bei ihm im Himmel sind.

Charakter und Wesen des Lebens selbst bilden den dritten Grund für meine Sicherheit und Gewißheit. Wir haben bereits gesehen, daß das Wesen des neuen Lebens darin besteht, daß wir wirklich «Teilhaber der göttlichen Natur» werden und von Gott geboren sind. Deshalb aber kann es sich nicht um etwas handeln, das kommt und geht. Es ist unveränderlich, stabil und ewig, und wir haben bereits gesagt, daß der Begriff «ewig» Dauer beinhaltet. Wir sind entweder für ein ewiges Leben oder für ein Leben des Verurteiltwerdens und der Vernichtung bestimmt, und beides dauert ewig.

Ich finde es ziemlich seltsam, daß jemand, der sich Christ nennt, glauben kann, daß er diese Gabe des ewigen Lebens erhalten und dann wegen der Sünde wieder verlieren kann, usw. Man kann nicht ständig geboren werden und sterben! Nein, wenn du das Leben Gottes empfängst, dann ist das ein Geschenk Gottes selbst durch seinen Sohn, und die ganze Art dieses Lebens bedeutet, daß es unvergänglich ist. Im Johannesevangelium sagt der Herr: «Niemand wird sie mir aus meiner Hand reißen» (Joh. 10,28) — es ist unmöglich! Oder der Apostel Paulus in Röm. 8,38-39: «Denn ich bin gewiß, daß weder Tod noch Leben, weder Engel noch Mächte noch Gewalten, weder Gegenwärtiges noch Zukünftiges, weder Hohes noch Tiefes noch eine andere Kreatur uns scheiden kann von der Liebe Gottes, die in Christus Jesus ist, unserm Herrn.» Das ist vor allen Dingen deshalb wahr, weil er selbst uns dieses Leben gegeben hat. Wir befinden uns in einem neuen Verhältnis, wir gehören zur Familie Gottes, wir sind für Gott aus der Welt herausgerufen, wir sind Teil seines Plans.

Wir gehören zu ihm. Deshalb kann Paulus auch mit solcher Zuversicht sagen, daß «dieser Zeit Leiden nicht ins Gewicht fallen gegenüber der Herrlichkeit, die an uns offenbart werden soll» (Röm. 8,18). Wir sind auf Hoffnung gerettet, eine Hoffnung, die sicher und gewiß ist, weil sie auf dem Wesen, ja, auf dem Leben Gottes selbst gründet. Wenn wir wissen, daß wir das ewige Leben haben, dann sollte uns diese Tatsache ermutigen und stärken.

Jemand mag jetzt sagen: «Nun gut, wenn ich erlöst bin, bedeutet das, daß ich Gott lästern und tun kann, was ich will.» Doch wer weiß, daß er ewiges Leben hat, der redet nicht so: «Und ein jeder, der solche Hoffnung auf ihn hat, der reinigt sich, wie auch jener rein ist» (1. Joh. 3,3). Mehr als jeder andere strebt er nach Heiligung. Das war schon immer so. Das sagt die Schrift, und das bestätigen die Kinder Gottes aller Zeiten. Wissen wir noch, daß die Missionsarbeit von Menschen begonnen wurde, die dies noch glaubten? Der größte Beweggrund für die Mission war schon immer die Erkenntnis, daß Gott sowohl Mittel wie der Zweck ist. Menschen haben geglaubt, daß Gott sie dazu berufen hat, das Evangelium zu verbreiten. Deshalb haben sie alles geopfert, sogar ihr Leben, und sind hinausgezogen und haben gepredigt. Wer am meisten bereit ist, sein Leben für das Evangelium zu opfern, ist der, der weiß, daß auch der Tod ihn nicht von der Liebe Gottes trennen kann und er Gottes Leben in sich trägt. Deshalb waren die Menschen, die diese Wahrheiten glaubten, immer die größten Arbeiter in Gottes Reich.

Ich komme nun zu der köstlichsten aller Begründungen. Unser Herr hat so viel erlitten, damit uns dies alles möglich wird. Das sind seine Worte: «Ich habe dich verherrlicht auf Erden und das Werk vollendet, das du mir gegeben hast, damit ich es tue.» Er spricht hier von seinem Kommen aus dem Himmel, davon, daß er die Zeichen seiner Herrlichkeit abgelegt hat. Er hatte nicht krampfhaft an seiner Macht festgehalten oder sie gepriesen. Obwohl er Gott gleich war, erniedrigte er sich und beschloß, als Mensch zu leben. Er verließ sich ganz auf Gott und die Gabe des Heiligen Geistes. Er erniedrigte sich. Er ertrug den Widerspruch der Sünder und schwitzte Blut im Garten Gethsemane. Er schwankte unter der Last des grausamen Kreuzes. Die Nägel wurden in seine Hände und Füße gehämmert, er litt unerträglichen Durst und starb. All das hat er getan, «als wir noch Feinde waren, um wieviel mehr werden wir selig werden durch sein Leben, nachdem wir nun versöhnt sind» (Röm. 5,10). «Der auch seinen eigenen Sohn nicht verschont hat, sondern hat ihn für uns alle dahingegeben — wie sollte er uns mit ihm nicht alles schenken?» (Röm. 8,32).

Zu diesem Schluß müssen wir kommen, und die Erklärung lautet wie folgt: Christus hat all dies für mich ertragen und durchlitten, damit er mir das ewige Leben geben konnte. Ist es im Lichte all dieser Tatsachen noch möglich zu glauben, daß er mich plötzlich wieder verlassen und umkommen lassen wird? Unmöglich! «Denn wenn wir mit Gott versöhnt worden sind durch den Tod seines Sohnes, als wir noch Feinde waren, um wieviel mehr werden wir selig werden» — selig werden am Ende — «durch sein Leben, nachdem wir nun versöhnt sind» (Röm. 5,10). Welch eine Begründung! Ich glaube, daß er deshalb in der Gegenwart seiner Jünger laut gebetet hat: «Ich habe dich verherrlicht auf Erden und das Werk vollendet, das du mir gegeben hast, damit ich es tue.» Und weil ich dies alles für sie getan habe, werde ich sie niemals verlassen oder sinken und umkommen lassen.

Es ist wichtig, daß wir diese Begründung verstehen. Der Sohn Gottes hat das Größte für uns getan und wird uns niemals im Stich lassen. Jetzt «lebt [er] für immer und bittet für sie» (Hebr. 7,25). «Daher kann er auch für immer selig machen» (Vers 23) — bis zum Ende. Sein Blut und das Kreuz sind die Garantie dafür, daß er uns nicht verlassen wird. Wenn er gekommen ist, um das Werk hier auf Erden zu tun, wieviel mehr wird er es jetzt in seinem verherrlichten Zustand im Himmel tun. «Denn du hast ihm Macht gegeben über alle Menschen, damit er das ewige Leben gebe allen, die du ihm gegeben hast», das ist die letzte Aussage, auf die wir uns stützen. Es ist eine Feststellung: Gott der Vater hat dem Sohn Macht gegeben über alle Menschen — es gibt nichts, was ihm nicht unterstellt ist. Das sagt die Heilige Schrift. Ist uns klar, was das bedeutet? Das Universum, der Kosmos, jeder Stern auf seiner Umlaufbahn, die Sonne und der Mond, jede Kraft, jedes Atom mit seiner magnetischen Kraft, alles untersteht seiner Macht. Alles in Natur und Schöpfung, der Mensch mit all seinen Kräften, seinen Erfindungen und Machenschaften, alles, wozu er fähig ist, untersteht der Macht Gottes, der Macht Christi.

Und noch mehr. Auch die Zukunft liegt in seinen Händen. In der Offenbarung wird uns von einem versiegelten Buch berichtet und gesagt, daß niemand gefunden wurde, der groß oder stark genug war, das Buch allen Geschehens zu öffnen, bis plötzlich der Löwe Judas erscheint. Er gewann die Oberhand, denn er war stark und mächtig genug, das Buch zu öffnen. Das bedeutet, daß die ganze Zukunft in den Händen des Herrn Jesus Christus liegt. Du magst dir Gedanken über die internationale Lage oder irgendeine irdische Kraft oder Macht machen, aber das brauchst du nicht, denn die ganze Geschichte liegt in seinen Händen. Natürlich verstehen wir nicht alles. Er läßt vieles zu, was wir nicht begreifen, aber die Tatsache, daß er es zuläßt, bedeutet, daß alles unter seiner Macht steht. Alles unterliegt seiner Kontrolle.

Ich möchte noch einen Schritt weitergehen und sagen, daß auch der Teufel der Kontrolle Christi unterliegt, weil der Sohn absolute Macht besitzt. Christus ist der Sieger, und alles, was der Teufel tut, geschieht mit Duldung Gottes und dient seinen unerforschlichen Gründen und Plänen. Wir kommen uns so klug vor, wenn wir fragen: «Warum hat Gott das getan? Warum hat er uns nicht vollkommen gemacht? Warum darf Satan dies oder jenes tun?» Und so weiter und so fort. Der Glaube jedoch demütigt sich und wird wie ein kleines Kind und beugt sich der Tatsache, daß Gott es so angeordnet und bestimmt hat. Er bestimmt die Zeiten, aber es gibt ein Ende für die Zeit dieser Welt. Gott kennt den Tag, an dem der Herr Jesus Christus in diese Welt zurückkommen wird. Alles, was sich Gott entgegengestellt — Menschen, Völker und Mächte —, wird von ihm in den See des Verderbens geworfen. Er wird den endgültigen Beweis erbringen, daß alle Menschen ihm und seiner allmächtigen Kraft unterstellt sind.

Aber hier geht es darum, daß ihm Macht über alle Menschen gegeben wurde, damit er ihnen das ewige Leben geben kann. In diesem Leben ist das Fleisch in mir und zieht mich nach unten. Lüste, Leidenschaften und Wünsche beherrschen mich. Kein Mensch in dieser Welt ist vollkommen, auch wenn er Christ sein mag. Die verschiedensten Dinge versuchen mich zu Fall zu bringen und mir das ewige Leben zu rauben. Die Welt und der Teufel, der sogar den Sohn Gottes versuchte, sind meine Gegner. Wie kann ich dem allem widerstehen? Es gibt nur einen Weg — Christus. Es ist alles in seiner Gewalt. Das ist die Garantie, daß du und ich den Himmel mit seiner Herrlichkeit erreichen. Alles befindet sich unter seiner Kontrolle, und wir werden trotz Teufel gerettet. Die Kraft, «die in uns wirkt», ist die Kraft Gottes. Es ist dieselbe Kraft, die Christus von den Toten auferweckte. Sie macht uns fähig, alles zu ertragen und zu überwinden.

Paulus drückt das sehr extrem aus. Es gibt gewisse Prediger, so sagt er, die auf Holz, Heu und Stroh bauen. Doch am Ende, wenn die Prüfung kommt, werden all ihre Werke verbrennen und vernichtet werden, so daß nichts übrigbleibt. Es wird alles verbrennen, weil sie so falsch und nutzlos waren. «Er selbst aber wird gerettet werden, doch so wie durchs Feuer hindurch» (1. Kor. 3,12-15). Was hat sie gerettet? Die Macht des Herrn über alle Menschen! Er läßt es zu, daß wir leiden, um uns zu prüfen und zu versuchen; doch niemals wird er es zulassen, daß wir verlorengehen. Nichts und niemand kann uns aus seiner Hand reißen!

Meine lieben Freunde, wenn ihr euch auf eure Liebe zu ihm oder auf euer Verständnis verlaßt, tut ihr mir leid. Ich verlasse mich allein auf Christus. Er schenkt uns das ewige Leben und damit sich selbst. Wir müssen der Treue Christi vertrauen. Ihr allein. Er hat alles für uns getan. Er wird uns bis ans Ende tragen und halten und uns unbefleckt in die Herrlichkeit Gottes und zu unaussprechlicher Freude führen. Oh, wie dankbar sollten wir ihm sein, daß er dieses Gebet hörbar ausgesprochen hat, damit wir wissen, wo wir stehen, und damit wir erkennen, daß wir von seiner Liebe umgeben und in Ewigkeit erlöst sind. Wir sind sicher in seinem ewigen Reich.